Découvrez l'histoire par les archives de presse

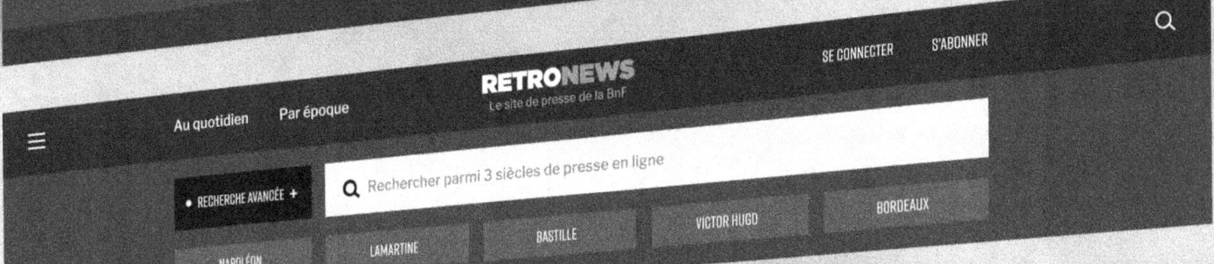

RETRONEWS

Le site de presse de la BnF

www.retronews.fr

MÉMOIRES

DE

L'ACADÉMIE CELTIQUE.

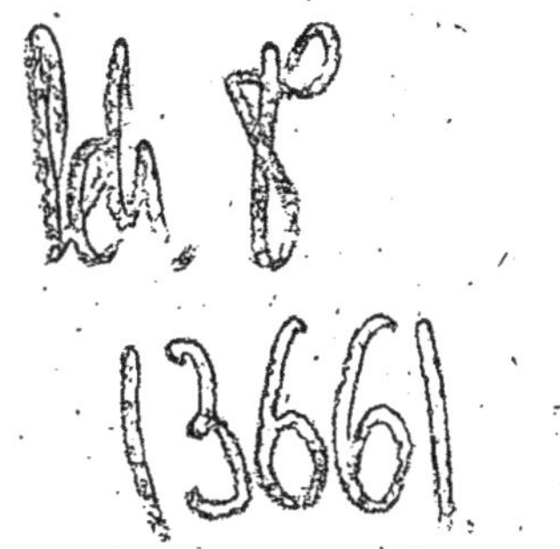

EXTRAIT

Du Règlement de l'Académie celtique.

« L'Académie celtique s'occupe de recherches sur les langues et les antiquités celtiques, gauloises et françaises. »

» Elle interdit à tous ses Membres, dans les Mémoires qu'elle publie, ainsi que dans ses séances, toute discussion qui pourrait blesser la religion ou le gouvernement; ces deux points exceptés, chaque Membre peut émettre et soutenir ses opinions personnelles; l'Académie, en les publiant, ne doit pas être censée les approuver, puisque, persuadée que c'est du choc des opinions et de la liberté de la discussion que peut résulter la vérité, elle se fait une loi de laisser le champ libre aux opinions contraires, et de ne se lier par l'adoption d'aucun système. »

MEMOIRES

DE L'ACADÉMIE CELTIQUE ;

OU

MÉMOIRES D'ANTIQUITÉS CELTIQUES,

GAULOISES ET FRANÇAISES,

PUBLIÉS PAR L'ACADÉMIE CELTIQUE,

ET DÉDIÉS A SA MAJESTÉ L'IMPERATRICE ET REINE.

Sermonem patriam moresque requirit.

TOME CINQUIÈME.

A PARIS,

DE L'IMPRIMERIE DE L.-P. DUBRAY, IMPRIMEUR DE
L'ACADEMIE CELTIQUE.

M. D. CCC. X.

MÉMOIRES

DE
L'ACADÉMIE CELTIQUE.

RECHERCHES

Sur l'Origine, les Mœurs et les Usages de quelques communes du département de l'Ain, voisines de la Saône;

Par M. Thomas RIBOUD,

Correspondant de l'Institut national, secrétaire de la Société d'émulation et d'agriculture de l'Ain, et membre de l'Académie celtique, etc.

Le département de l'Ain forme une péninsule baignée à l'est et au sud par le Rhône, à l'ouest par la Saône, et en partie au nord par la Seille; les montagnes du Jura le ferment au nord-est. Cette position topographique dut toujours en faire une province particulière, quels qu'aient été les peuples ou les puissances dont son territoire ait dépendu; et elle devait naturellement aussi en former un des départemens de la France, lors de sa nouvelle division territoriale. Il en est peu dont les limites soient plus invariables; et

d'après les principes généraux des démarcations,
le point milieu du cours des rivières, fut désigné
comme la ligne séparative. Un monument placé
sur le pont de Mâcon , la fixa matériellement
pour la Saône. Cette presqu'île successivement
envahie, ravagée, soumise ou occupée par différentes nations étrangères ou environnantes, et
toujours *frontière* de quelque côté, a plus ou
moins conservé, dans ses diverses parties, l'empreinte des mœurs, du caractère et des usages
des peuples qui les occupaient ou les avoisinaient.
De là proviennent, autant que du climat et de la
température, les différences qui se trouvent entre
le langage, le costume, la manière de vivre, dans
les quatre sections de ce département. L'observation en est très-curieuse ; elle conduit à des dé-
couvertes sur l'origine de leurs habitans, et sur
les faits dont elles ont pu être le théâtre.

Tradition.

Parmi les recherches que cette étude peut entraîner, il en est peu de plus dignes d'intérêt que
celles qui ont pour objet les habitans de quelques
villages voisins de la Saône. Une tradition immé-
moriale et constante, les fait descendre des Sarrasins qui inondèrent la France au 8.me siècle , et
furent chassés par Charles Martel. Ils sortirent
en 676, pour la première fois, de l'Egypte qu'ils
avaient envahie ; ils ravagèrent la Grèce et la Sicile avant d'entrer dans les Gaules, et passèrent
en Espagne en 714. Leur première irruption en

France, fut en 719 ou 721. La multitude était immense; et ils avaient avec eux leurs femmes et leurs enfans, parce qu'ils avaient le projet de s'établir dans leur future conquête. On n'ignore pas qu'ils pénétrèrent dans nos **contrées**, saccagèrent et brûlèrent les rives de la Saône, et notamment Tournus, qui se trouve à une très-petite distance des lieux dont il est question dans ce Mémoire. Charles Martel s'étant rendu maître de Lyon, en 733, expulsa les Sarrasins des provinces environnantes et du midi.

On ne peut douter que leurs troupes n'aient été dans le cas d'occuper et parcourir notre pays, pendant la durée de leur invasion. Il reste encore des traces de leur séjour dans la plaine dite du *bas Bugey*, sur les bords de l'Ain. On reconnaît entre Ambronay et Varambon, des lignes aboutissant à un reste de fort, avec ses fossés et travaux extérieurs. Cet ouvrage a conservé le nom de *Motte Sarrasin, fort sarrasin rasé*. Il paraît qu'il a été brûlé; car en creusant à l'intérieur, on trouve une grande quantité de tuiles brisées et calcinées, etc.

Il ne faut pas confondre ces lignes et ce fort avec les vestiges d'une castramétation romaine, qui subsistent un peu plus loin, entre Saint-Maurice de Rémens et Château-Gaillard; ils attestent un camp romain que les historiens rapportent à Sergius Galba, lieutenant de César. A *Château-Gaillard* il se trouve une grosse tour carrée, qui n'a qu'une porte et une fenêtre, quoique

sa hauteur soit encore de 3o pieds (ou 10 mètres),
et ses murs de 7 pieds d'épaisseur. Elle est entou-
rée de fossés et contre-murs, et n'offre ni meur-
trières ni embrasures, ce qui prouve qu'elle est
plus ancienne que l'invention de la poudre. On
la regarde dans le pays, comme un ouvrage des
Sarrasins. On trouve dans l'intérieur beaucoup
de bled brûlé réduit en charbon, et l'on y reconn-
naît toutes sortes de grains, ce qui semble indiquer que cet édifice fut un magasin de bled, et
qu'il fut la proie des flammes.

Suivant l'opinion générale, quelques débris
de Sarrasins se réfugièrent, après leurs défaites,
sur la rive orientale de la Saône, où le pays rempli de bois et coupé de rivières, pouvait offrir
un asile à leurs hordes fugitives. Après y avoir
erré quelque tems, il leur fut permis de s'y fixer ;
elles y trouvèrent un sol fécond et facile à cultiver ; mais elles ne l'obtinrent qu'à des condi-
tions dures, au prix de leur liberté, et devinrent
main-mortables ou serfs.

Ces nouveaux colons étaient principalement
répandus sur les territoires de *Sermoyer*, *Arbigny*, *Boz* et *Ozan*. Le point le plus considérable
de leur établissement fut à *Boz*, que l'on prononce *Boü* dans le pays. Comme les Sarrasins de
ce lieu s'adonnèrent au commerce des bœufs,
qui est encore le trafic des habitans actuels, il
est probable que le nom de *Boz*, latin ou orien-
tal, peut en dériver.

Une autre horde qui ne traversa pas la Saône,

forma aussi une colonie au lieu d'*Huchisy*, sur la rive occidentale.

Ces peuplades vécurent dans une espèce d'isolement, au milieu d'un pays dont les mœurs, les principes, la croyance, n'étaient pas conformes aux leurs. Elles conservèrent quelque chose d'âpre et de sombre dans l'extérieur et le caractère ; les traces de leurs usages primitifs et de leur religion qu'elles avaient été forcées d'abandonner, la rivalité, le souvenir des invasions faites par leur nation, le contraste de leur activité avec l'indolence des indigènes, le dédain et l'abjection auxquels on vouait alors l'exercice du commerce, en firent une sorte de caste à part, contre laquelle il s'éleva une antipathie à peu près aussi forte que contre les Juifs ; et malgré le laps de tems, l'impression n'en est pas entièrement effacée.

MM. de Sequeville et de Montrevel avaient observé ces villages et recueilli des notes que le dernier m'avait communiquées avant la révolution, pour les comparer à celles que j'avais rassemblées moi-même. Je me fais un devoir de déclarer qu'elles ont été généralement concordantes, et que les détails que je vais donner, méritent d'autant plus de confiance qu'ils sont le résultat des recherches de trois personnes qui s'y sont livrées séparément.

Cette confiance doit s'accroître, lorsque je suis assez heureux pour offrir cette esquisse sous le règne du héros qui parcourut avec tant de gloire l'ancienne patrie des Sarrasins, qui voulut rendre aux lumières et aux arts une terre célèbre qu'ils

occupèrent. Ses connaissances personnelles des mœurs, des usages et de la langue des Arabes, le mettent, plus que tout autre observateur, dans le cas d'apprécier si la tradition et mes conjectures sont véritablement fondées. J'ose donc espérer qu'il sera peut-être de quelqu'intérêt pour l'Académie celtique, de retrouver dans ce département des vestiges des peuples orientaux chez lesquels le nom de notre Empereur est immortel comme en Europe, et dont il a obtenu par ses victoires et ses grandes actions, l'admiration et le respect !

Quoique je m'occupe principalement des habitans de Boz, qu'onnomme *Burhins*, ce que j'en dis peut s'appliquer en grande partie à ceux d'*Ozan*, d'*Arbigny*, de *Sermoyer*, etc; mais ces derniers villages s'étant plus mélangés, il y a moins d'intégrité dans l'ensemble des usages anciens, et l'altération en est plus sensible. Ceux d'Huchizy sont conservés d'une manière non moins marquée que ceux de *Boz;* mais il y a des nuances assez différentes dans le caractère et les mœurs des *Chizerots*, parce qu'il paraît que cette colonie Sarrasine a été formée par une autre nation ou tribu. Les armées sarrasines étaient composées d'un grand nombre de peuples ou hordes diverses, quoique réunies sous la même loi et les mêmes chefs ; et l'on conçoit qu'il devait se trouver dans ces nombreux rassemblemens, une grande variété de caractères, de formes et d'habitudes.

CONSTITUTION PHYSIQUE. — *Physionomie.*

Les *Burhins* sont en général bruns, de taille moyenne; ils ont les traits réguliers, la physionomie spirituelle, l'œil vif et petit, la bouche bien faite, le nez mince, les sourcils bien fournis, les cheveux épais. Leur démarche est assurée; ils sont nerveux, sanguins; ils ont de la vivacité et de l'intelligence. La taille des autres bressans est plus haute, plus abandonnée; leur figure annonce la douceur, la bonhomie, leur constitution est moins sanguine, et l'on ne remarque pas en eux le caractère de fierté et même de rudesse qu'on observe dans les *Burhins* et sur-tout dans les *Chizerots.*

Vêtemens.

Les *Burhins* portent de longues vestes qui descendent jusque sur le genou : les uns les garnissent jusqu'au bas de petits boutons d'étain ou de cuivre; les autres les ont croisées et fermées sur la poitrine avec deux rangs de gros boutons de cuivre. Ces vestes sont ordinairement de couleur verte avec un bordé lilas ou d'un vert plus foncé.

La coupe, la longueur et les plis de leurs habits semblent rappeler le costume long des orientaux, tronqué depuis le changement de patrie de ceux qui le portent. Ils sont, en général, de couleur gris de fer, garnis de haut en bas de boutons de cuivre; ils mettent assez communément des surtouts très-plissés en toile noire. Les Chizerots fer-

ment leurs vestes et leurs habits avec des agraffes
et ne mettent point de boutons.

Du tems où M. de Sequeville les observa, leurs
culottes étaient encore grandes et amples, à la
suisse ou à la turque. Ils portent de grands col-
lets à leurs chemises, et elles sont fendues par devant.

Les *Burhines* sont très-blanches, d'une figure
intéressante, les yeux noirs, vifs, mais un peu
ronds ; les *Chizerotes* ont l'air plus austère, plus
décrépit, ce qui provient vraisemblablement du
travail habituel et forcé qui les courbe vers la
terre.

Les filles portent de petits bonnets nommés
coëffettas, à un rang de dentelle autour ; et par-
dessous, un chapeau noir, rond, à bords relevés,
attaché sous le menton avec un ruban noir. Le
bonnet ne vient qu'à l'oreille, où il se noue avec
un petit cordon de soie ou petit ruban qui forme
de chaque côté un fleuron de couleur rouge et se
prolonge sous le menton où il est attaché. Cette
coiffure et ce ruban les font paraître plus fraîches
et plus grasses.

Les femmes mariées portent deux de ces bonnets
l'un sur l'autre.

On voyait encore, il n'y a pas long-tems, aux
Chizerotes, un bonnet ou turban de laine frisée,
de couleur noire ou brune, qu'elles nommaient
toque : l'usage s'en perd presqu'entièrement, soit
par l'inoculation des goûts de leurs voisins, soit
par le défaut de fabricans. Ces toques, tissues

d'une seule pièce comme nos fenêtres, et très-
épaisses, ne sont pas indignes de l'attention des
amis des arts. Les cheveux, quoiqu'enveloppés
sous cette énorme coiffure, doivent être tortillés
ou tressés autour d'un cercle ou bourrelet qui
s'attache sur le derrière de la tête, mais est caché
sous la toque.

Les filles du village de *Reyssouze*, voisin de
Bôz et qui paraît de même origine, remarquables
par leur teint et la douceur de leur langage, n'a-
vaient autrefois pour toute coiffure, que différentes tresses attachées avec des cordons de soie; elles
les recouvraient d'un mouchoir léger, lorsqu'elles
allaient aux champs.

La chemise des femmes de Bôz est fendue sur
le devant, ornée de broderie et d'une pointe en
dentelle. Cette broderie en fil blanc, est dans le
genre arabesque; elle fait très-bien sur la toile
roussé, à laquelle les femmes et filles ajoutent
souvent une légère teinture de safran. Ce genre de
luxe leur plaît beaucoup, par la couleur et le par-
fum. La chemise est toute plissée et fermée sur la
gorge par une longue épingle d'argent, à tête
ronde ou en cœur.

Les Buthines sont chaussées avec des garodes
ou guêtres fort larges, mi-partie de vert et de
rouge. Ces guêtres sont les mêmes que celles des
femmes du levant, sauf les modifications, dé-
rivées du climat, des localités et du genre de travail.

La couleur de leurs robes est verte, noire, bleue

ou rouge ; souvent elles en ont de blanches. Ces robes sont très-plissées et assez semblables à des aubes : au milieu du corps, elles sont nouées légérement d'un ruban rose ou rouge ; elles préfèrent cette dernière couleur, comme les femmes maures ou arabes ; les fleurs rouges, notamment les pavots, leur plaisent beaucoup ; elles en forment quelquefois des guirlandes, bouquets, etc. Des tavelles ou galons jaunes, blancs, lilas, couvrent les coutures du corsage ; les manches, le tour, etc.

Chez les Chizerots, la chemise, pour les deux sexes, est également fendue sur le devant ; celle des femmes est percée de grands œillets artistement brodés. Leur corset est ordinairement d'une grosse étoffe verte coupée carrément sur la gorge ; il est brodé en rouge ou vert clair. Elles mettent par dessus une espèce de surtout de toile blanche, encore en usage dans l'Archipel ; on peut le regarder comme un doliman dont les busques s'attachent par derrière.

Caractère, Mœurs.

Les Burhins, comme je l'ai dit, sont laborieux, actifs, ils trafiquent beaucoup sur les bestiaux, ils sont presque tous marchands de bœufs ou bouchers de tems immémorial. Il est probable que les bandes réfugiées en ce lieu et dans les environs, eurent pour première ressource l'éducation et le commerce des bestiaux ; que les habitans de ce lieu ne se contentèrent pas de cette spéculation, mais qu'ils en tuaient et vendaient aux villages du pays. Les Burhins sont réputés pour être d'un caractère difficile, impatient, subtil et dur, mais moins sauvage que celui des *Chizerots*: ils passent, les uns et les autres, pour avares et défians; mais ils ont de l'énergie, de l'intelligence, de la prévoyance et d'autres bonnes qualités.

Les Chizerots sont livrés presqu'exclusivement à la culture de la terre. Ils négligent toute aisance dans leur manière de vivre, et ne veulent rien tenter pour prolonger leurs jours : cette insouciance paraît une suite des idées de fatalisme, peut-être aussi de l'avarice, ou de l'un et de l'autre; ces deux motifs leur seraient communs avec les arabes. « Ils aiment mieux, disent-ils, donner leur corps à la terre que leurs sueurs aux médecins... » S'ils ont recours à l'art, c'est parmi eux qu'ils trouvent des individus, hommes ou femmes, qui connaissent, selon eux, toutes les maladies et les guérissent avec deux ou trois sortes de plantes. Ils font quelquefois usage du fer et du feu, mais souvent du *frottement* et du *broyement*. Celui-ci est toujours usité pour les coliques : un *broyeur* enfonce et foule avec ses poings le ventre du malade, jusqu'à ce qu'il le fasse tomber en sueur ou en pamoison ; ils ont des *broyeurs* et des *broyeuses* : les premiers pour les femmes, et les broyeuses pour les hommes......; et il se trouve parmi eux des individus qui exercent spécialement cette profession. Cet usage n'est évidemment autre que celui que l'on appelle *masser* dans le levant, opération que l'art sait rendre voluptueuse en Asie, mais que la rudesse de nos colons convertit en une espèce de supplice.

Les habitans de *Böz* et d'*Huchisy* ont long-tems existé comme des tribus séparées de leurs voisins, et ne s'alliaient qu'entr'eux; ils étaient prèsque tous parens. Ceux de Boz vivaient dans leurs familles en communion pour éviter les effets de la main-morte, c'est-à-dire les *échutes* de biens aux seigneurs.

Ils craignaient tellement l'introduction d'autres propriétaires dans leur commune, qu'il leur est arrivé quelquefois de se cotiser pour acheter le bien de l'un d'entr'eux que les circonstances forçaient à vendre. En 1719, ceux de Boz refusèrent formellement, par une délibération solennelle du 22 Octobre, laquelle est entre mes mains, de s'affranchir de la servitude et taillabilité; attendu, y est-il dit, « que cette proposition est contraire aux intérêts généraux et particuliers de la communauté, qui ne doit jamais songer à s'affranchir de la main-morte dont l'effet arrive rarement, parce que les riches habitans des lieux voisins auraient depuis long-tems leurs biens, s'ils n'étaient retenus d'y faire des acquisitions ou de s'y établir, par la crainte de ladite main-morte. »

Ils traitent communément les affaires de famille le soir et à la lueur des lampes. Ils se tiennent, le moins qu'ils peuvent, dans l'intérieur de leurs maisons pendant le jour; le trafic des *Burhins* les

met souvent en course , et les Chizerots valides
sont presque toujours au-dehors occupés de leur
travail ou des soins ruraux. Les jours de fêtes, dès
que le soleil paraît , ils vont s'habiller et se repo-
ser en dehors : les vieillards ont une place choisie
sous le toit avancé de la maison ; ils aiment à s'y
chauffer aux rayons de cet astre bienfaisant dans
nos climats , mais brûlant dans leur ancienne
patrie. La jeunesse n'a pas toujours pour eux
les égards respectueux que méritent des cheveux
blancs ; elle est peu touchée des maux de la dé-
crépitude.

Dans toutes les circonstances intéressantes de
la vie , telles que les mariages , les maladies, la
mort , les funérailles, ils développent de l'imagination. Certains discours , certaines formules,
sont prononcés avec énergie , d'un ton solennel et
poétique : ils employent avec facilité les figures et
les tournures orientales. Ils expriment, ils pei-
gnent avec force , dans leur langage, les sentimens que la circonstance inspire ; ils les font passer dans l'ame des assistans, qui écoutent avec un
religieux silence. On pourra en juger par quelques exemples.

Mariages.

Autrefois , comme je l'ai dit , les époux ne se
choisissaient jamais hors de leur village ; le contraire arrivait même rarement dans des tems peu
éloignés. Une fille d'Huchisy fut mariée , contre
la coutume , à un riche habitant d'un village

voisin ; il l'engagea à quitter son costume *chizerot,*
et à prendre l'habillement *mâconnais* en étoffes
choisies, et à paremens glacés ou brodés en or.
La mère, instruite de ce changement, en est in-
dignée ; elle accable sa fille de reproches, dont il
est difficile de bien rendre la force en les tradui-
sant du patois en français. En voici la substance :
« Fille dénaturée, vois ces champs où nous avons
» été brûlés pendant les moissons !... Nous n'a-
» vons été accablés de maux que pour te nourrir,
» te donner l'exemple et l'amour du travail !...
» Tu abandonnes nos coutumes, tu perdras bien-
» tôt ta vertu !... Tu devais laisser mourir ton
» père en paix !... Que dira-t-il ? Que diront nos
» *ancétres?* Puissent-t-ils sortir de la tombe, te voir
» et te punir !... Tu nous méprise, ingrate ; je ne
» te connais plus pour ma fille !... » La jeune
femme, les yeux baissés, gardait le silence ; bientôt ses larmes coulent, elle se dépouille précipi-
tamment de ses habits nouveaux, reprend ceux
de chizerote, jette les autres au feu, et embrasse
sa mère. M. de Sequeville a été témoin de cette
scène intéressante. Il le fut aussi d'un mariage
dans l'une ces communes.

La jeune fille vêtue de noir, avec une ceinture
de même couleur, et plusieurs chaînes d'or au
cou, sortit de la maison de son père en triomphe,
avec les musettes, que les Chizerots nomment
chéones. Elle était suivie d'une foule de parens
ou amis, parmi lesquels les jeunes garçons faisaient entendre fréquemment les cris de joie pro-

longés, connus en Bresse sous le nom de *hu-chemens*, d'où est venu le mot *hucher*, et probablement celui d'*Huchisy*.

Les fiancés se disputèrent à la porte de l'église, à qui entrerait le premier. Les filles tenaient la fiancée, et les garçons le fiancé ; ils faisaient chacun un pas et en reculaient deux, jusqu'à ce que le tems fixé pour cette formalité fût écoulé....

Après la bénédiction nuptiale, et en sortant du temple, la mariée adressa la parole à l'époux : « Pourquoi êtes-vous venu me chercher, lui dit-elle à haute voix ? j'étais heureuse ; que ne me laissiez-vous à ma mère ?... » Et autres propos de cette nature.

A la porte de l'église, les mariés commencèrent à danser ; toute la suite de la noce les imita, et ils se rendirent en deux bandes, l'une des femmes et l'autre des hommes, aux festins qui étaient préparés pour les femmes et filles et la mariée, chez sa mère ; pour le marié et les hommes, chez son père. Ce double festin et cette séparation des mariés et des sexes est remarquable.

Les festins finis, vint la *départie*; c'est-à-dire, l'abandon de la maison paternelle par la mariée. L'époux, accompagné de tous les parens et garçons de la noce, se présente à l'habitation de sa moitié, pour l'emmener dans la sienne. A l'approche de la troupe elle fond en larmes, jette des cris et adresse des adieux touchans à sa famille, aux amis, aux valets, aux troupeaux, à la volaille, particulièrement aux bœufs de labourage, qu'elle

B.*

nomme chacun par son nom..., aux choses inanimées, à la maison enfin....

Elle s'arrache de ces lieux, et l'on arrive chez le père du marié.... Là, il y a des danses, un souper en cérémonie; et lorsque le terme de la journée approche.... les pleurs recommencent....; plus la mariée paraît timide et déconcertée, plus le combat de la pudeur et de l'hymen se prolonge, plus aussi elle paraît vertueuse.

Dans les autres parties de la Bresse, les mariages sont également accompagnés d'usages très-singuliers; ils diffèrent plus ou moins de ceux-ci, et semblent plutôt tenir des anciennes cérémonies pratiquées chez les Romains et les Celtes, que de celles des Orientaux. Je m'en occuperai ailleurs.

Funérailles.

A la mort d'un *Burhin* ou d'un *Chizerot,* les parens s'assemblent; de grandes lamentations se font entendre, principalement de la part des femmes qui expriment leur douleur en rappelant les actions et la vie du défunt. « Il n'est plus, disait l'une » d'elles avec énergie dans son langage; il n'est » plus.... *Il a tant remué la terre, qu'il a creusé* » *son tombeau.....* O laboureur infatigable! qui » cultivera ton champ comme toi? Tes bœufs qui » s'engraissaient dans les pâturages vont maigrir... » Pouvons-nous rester dans cette maison et pré» parer cette table où tu ne seras plus assis? Le » soir viendra.... La nuit se passera, et nous ne

» te verrons plus revenir. *Alla !* La lumière du
» jour n'est plus rien pour nous, etc. »

Les panégyriques ne cessent que lorsque quatre
parens se chargent du cercueil; tous le suivent en
silence.... A la fin des prières, des femmes vêtues
de blanc, les yeux égarés, font éclater leur déses-
poir...., veulent se précipiter dans la même tombe.... Cette cérémonie funèbre pénètre toujours
d'attendrissement. Elle fut particulièrement bien
touchante aux funérailles d'une mère, que sa
fille, âgée de 17 ans, accompagnait à sa dernière
demeure.... Nous voudrions pouvoir rendre les
expressions de sa douleur dans toute leur force...
On ne peut qu'en donner une faible idée, en ne
les rapportant qu'après se les être fait expliquer :
« Oh ! ma mère , où allez-vous ? je ne vous verrai
» plus. La terre va vous couvrir...., mes cris né
» vous rappelleront pas au jour....; je reste ici,
» sur cette fosse. L'ombre qui vous couvre va me
» saisir....; mes larmes se feront un chemin....
» Ma mère...., ma mère, répondez-moi ! » La
voix lui manqua, et les assistans étaient pénétrés
de sa douleur.

Il n'y a pas long-tems que l'on mettait encore
dans la bière et en terre, quelques meubles du défunt; mais les ministres du culte ont fait tomber
peu à peu cet usage.

Les funérailles sont toujours terminées par un
festin pour les hommes. La coutume de ces festins, en pareil cas, est commune dans un grand
nombre de points de ce département. Elle existe

chez beaucoup de nations de l'ancien continent, et elle avait lieu dans l'antiquité. Il est inutile d'en discuter ici les motifs ; ils tiennent certainement à l'idée d'une autre vie, et à celle du bonheur qui va commencer pour celui qui vient de terminer sa carrière sur la terre.

Chants et Danses.

Les cris de joie nommés *ululemens* ou *huchemens*, qui proviennent des mots *ululare* en latin, et *hucher* en français, dont l'usage a passé dans toute la Bresse, étaient originairement des cris d'alarme et d'avertissement des bergers entre eux, pour écarter les loups à la chute du jour et dans les grandes nuits d'été. Dans un pays couvert les troupeaux étaient très-exposés à leur dent meurtrière, au milieu des pâturages solitaires; les bœufs y passaient la nuit en été ; et, pour effrayer des ennemis féroces, les gardiens poussaient des cris aigus et cadencés, ils *ululaient* ou *houloulaient*, criaient *au loup*, donnaient l'alerte par ce cri imitatif. Ils se répondaient les uns aux autres, et les forêts retentissaient de ces *huchemens* (1). Les jeunes gens allant aux veillées,

____

(1) On n'a pas oublié qu'à Bourg, dans des blanchisseries de toile, on tenait toujours des veilleurs au milieu des prés, et qu'ils poussaient les mêmes cris, d'intervalle à autre, et se répondaient, non pour écarter les loups, mais les voleurs, et faire connaître qu'ils étaient éveillés et sur leur garde.

les amans, les hommes se retirant après le travail
ou une réunion, les voyageurs timides pendant la
nuit, répétaient en échos les mêmes cris; ils étaient
dans les uns des élans de gaieté, dans les autres
des signes de terreur ou de précaution. Depuis
que la culture s'est étendue avec la population,
le danger des troupeaux a diminué, les huchemens ont été moins conservés pour les défendre,
et ils sont restés pour exprimer la joie à la suite
des festins ou des fêtes.

Les chants des *Burhins* et de leurs voisins sont
lents et monotones; ils semblent tenir du ton de
la romance, très-usitée chez les Maures. Les jeux
et les danses des jeunes gens et même des enfans,
laissent démêler quelques traces orientales. Ils dansent la *férandole*, fort ancienne en Orient, et que
les bergers turcs dansent encore. Pour l'exécuter,
les jeunes gens mettent de gros bouquets ou des
banderoles à leur chapeaux; le conducteur tient
un bouquet de la main droite, dont il fait divers
gestes. Il a au poignet gauche un cordon qu'il
passe autour du poignet droit de celui qui le suit,
lequel tient de même le troisième, et ainsi de suite.
Ils forment une chaîne qui passe et repasse entre
les saules ou autres arbres, se replie en contour
sans se rompre. A défaut de cordons, ils se tiennent simplement par la main.

Quelquefois leurs jeux ressemblent à des combats : on les a vus couverts de bonnets ou casques,
de cuirasses, brassards et chaussures, le tout fait
avec des joncs verts; s'armer de piques ou sabrés

en branches de chêne ; marcher précédés de trom-
pes d'écorces d'arbres. Les formes, quoique bi-
zarres, ne seraient pas toujours indifférentes à
l'artiste observateur ; et ces simulacres guerriers
et burlesques en apparence, sont des souvenirs
lointains de l'ancien métier de leurs aïeux.

On voit aussi dans ces cantons les jeunes filles
aller sarcler les bleds au printems, en troupes,
chantant en chœur, portant sur leurs têtes des gâteaux rustiques pour leurs repas champêtres, des
gauffres faites avec le bled sarrasin, des cruches
d'eau ou du lait. On se rappelle également les
processions du mois de Mai, où marchaient sur
deux lignes des filles vêtues de blanc, dont les
cantiques invoquaient la bénédiction céleste sur
les récoltes. Ces cérémonies simples et intéressantes existaient aussi en Bresse, avec diverses modifications ; elles offraient des vestiges des cultes
antiques, et il est fâcheux de les voir insensible-
ment abandonnées ou changer de formes.

Culture et grains.

Ce qui dépose spécialement de l'origine maures-
que en ces lieux, c'est le genre de culture qui y
domine. On y recueille abondamment le *bled sarrasin* ou noir, dont on fait des gaufres qui sont
devenues une des ressources alimentaires d'une
partie de la Bresse ; le maïs, le seigle et le millet,
dont l'espèce y est belle et beaucoup plus culti-
vée qu'ailleurs. On sait qu'il fait une portion ha-

bituelle des alimens des Africains et des Arabes :
ils font avec ce grain qu'ils appellent le *pilau* et
que l'on nomme ici *pigeat*, ce qui n'en diffère
guères.

Troupeaux.

Il paraît que les Burhins ont toujours eu un at-
tachement particulier pour les troupeaux et particulièrement pour les bœufs, et cette circonstance
offre un rapport de plus entr'eux et les Maures.
On voit, par les adieux de la mariée, par les expressions de la douleur aux funérailles et dans
toutes les circonstances importantes, qu'ils adres-
sent la parole à leurs bœufs, qu'ils en parlent
souvent, qu'ils les rendent, en quelque sorte,
participans de tout ce qui les intéresse. Cette espèce de vénération peut aussi avoir sa cause dans
l'utilité de ces animaux pour leur labourage et
pour le commerce qu'ils en font. Les bœufs sont
doublément la source de leur richesse, et ils doivent, en conséquence, les chérir comme leurs
bienfaiteurs.

Maisons.

La construction de leurs bâtimens présente aussi
des vestiges mauresques. Les cheminées de Boz et
des environs sont presque toutes en forme de clo-
chers pointus ou *minarets*, percées à jour. Elles
forment à l'intérieur un grand cône dont la base
est terminée par un carré. Le foyer se trouve au
milieu de la maison ; des bancs placés autour,

permettent à toute la famille de s'y chauffer en même tems. Ces cheminées sont agréables pour les veillées ; on y travaille le soir, en parlant du tems passé ; les jeunes gens écoutent, et l'assemblée a quelque chose de patriarchal et de solennel. Il existe encore beaucoup de ces cheminées en Espagne ; elles étaient très-communes en Bresse, mais elles devenaient moins nombreuses à mesure que l'on s'éloignait des bords de la Saône et de la partie nord-ouest qui en était garnie. On est porté à croire, d'après cela, qu'elles avaient été introduites par nos Sarrasins, puis adoptées par les habitans de la Bresse qui, auparavant, n'avaient probablement que de mauvais tuyaux ou leurs portes pour laisser échapper la fumée de leurs habitations. La rareté et la cherté progressive du bois diminuent chaque jour le nombre de ces cheminées : celles que l'on est forcé de leur substituer sont moitié plus petites, plus économiques pour le bois mais moins commodes, chauffent *un mur* et peu d'individus. Elles sont encore bien loin de remplir le but auquel elles pourraient atteindre ; car la consommation du bois dans nos domaines, est excessive par la cuisson journalière des pommes de terre, des raves, etc., pour la nourriture des bestiaux, cochons, etc. Le perfectionnement des cheminées n'est pas moins désirable et urgent dans les campagnes que dans les villes.

Religion.

En observant de près les *Burhins* et les *Chi-*

zerots, on aperçoit dans l'exercice de la religion, le mélange de certaines pratiques et cérémonies superstitieuses, où l'on entrevoit des traces de musulmanisme qui s'effacent néanmoins de plus en plus.

Les hommes et les femmes étaient autrefois entièrement séparés dans leurs églises, et ces édifices avaient deux portes, dont chacune était destinée exclusivement à chaque sexe.

Langage.

Quant à leur langage, il est impossible de ne pas y reconnaître une construction et des figures orientales. Leur manière de prononcer, et certaines tournures et terminaisons étrangères qu'on ne remarque point dans les autres cantons, se réunissent pour déceler l'arabisme au milieu d'une multitude de mots demi-latins, goths, italiens, allemands et français, qui constituent le patois dans le nord et l'ouest de la Bresse. On y trouve souvent l'*iza* particulier de l'alphabet arabe, que nous rendons par le *z*, et qui donne beaucoup de douceur au langage.

Motteta ou *meutata* veut dire, chez eux, une fille de 8 à 9 ans. Or, si l'on fait attention, d'une part, que ce mot de *motteta* a la forme d'un diminutif de *motta* ; de l'autre, que le *t* dans plusieurs langues, et notamment le *th* ou θ des Grecs, se prononce comme l's *grasseyée* (ce qui est positivement le *z* espagnol ou ث *the arabe*), on ne sera pas éloigné de penser que *motteta* puisse avoir quelque rapport avec *moza*, terme espagnol dérivé de l'arabe, et qui veut dire *jeune fille*.

Pour une fille de 15 à 16 ans, les Burhins emploient le mot de *gazetta*. *Defatime*, chez eux, signifie *une laide*.

Quelquefois ils appellent, par mignardise, un enfant *mamolin* ou *miamolin*; ce qui dérive de *mamma*, *mamelle*, et veut dire *enfant qui tette*. Cependant, on peut remarquer que la terminaison est arabe, *miramolin*, etc.

Ils désignent un enfant mince et faible, par le mot *masquet* pour *maschket*, qui a cette signification en arabe et en hébreu.

Les *maisons*, par *zamerauz;* un *fils*, par *aheu;* un seigneur, par celui de *malais*, ressemblant au mot *mulei*, qui, chez les Maures, signifie *prince*.

Le mot espagnol *bozal*, dérivé de l'arabe, signifie un *paysan nouvellement arrivé*, un paysan maure. Il est très-possible que de cet adjectif *bozal*, ou de sa racine, soit dérivé le mot *boz*, dont nous avons parlé plus haut.

Le cri *huchoho*, usité en Espagne dans la fauconnerie, a beaucoup de ressemblance non seulement avec le mot *hucher*, mais avec le *huchement* lui-même, c'est-à-dire le cri des Bressans. Cette ressemblance paraît s'étendre jusqu'à l'accent prosodique, qui, dans les deux cris, porte sur l'antépénultième. Ce petit nombre d'exemples que je cite avec circonspection, suffit pour prouver que

si l'on approfondissait les recherches de cette espèce, on obtiendrait des résultats très-curieux.

Au surplus, ces premières notes sur le caractère,
les mœurs, les usages des habitans de cette partie
du département de l'Ain et de ceux d'Uchisy, ne
permettent pas de douter qu'ils ne soient réellement
descendus des Sarrasins et des débris d'une portion de leurs armées, dans le 8.ᵉ siècle. Bientôt il ne
sera plus possible de saisir les nuances, de suivre
les traces qui se perdent rapidement par l'augmen-
tation des rapports. Les changemens dans les habitudes, le mélange avec les communes environnantes, les progrès des arts, le rapprochement de tous
les hommes vers un centre commun, les font dis-
paraître comme les restes d'édifices ou de villages que les vagues de la mer encombrent journel-
lement de sable, et qu'elles ne tardent pas à effa-
cer entièrement de la surface de la terre.

Dépourvu de toute connaissance de l'arabe, et
même d'un Dictionnaire ou Vocabulaire de cette
langue, lorsque j'ai visité ces villages, il ne m'a
pas été possible de faire les vérifications les plus
intéressantes. Il serait bien à souhaiter que quelque personne versée dans la langue arabe, et instruite des usages orientaux, pût aller étudier ces
communes et en examiner le langage. Il ne paraît
pas douteux qu'on ne recueillit bientôt une multitude de mots dérivés des langues africaines et
orientales. Ces recherches seraient non seulement
satisfaisantes pour la curiosité, mais encore très-
utiles pour l'éclaircissement de l'histoire générale

et de l'histoire locale. La mémorable expédition
d'Egypte a mis un grand nombre de Français dans
le cas de communiquer avec les Arabes, de connaître leurs usages et leur langue, et conséquemment de faire à Boz et à Huchisy des rapprochemens très-heureux. Si le héros éclairé qui les com-
manda, si l'auguste chef de l'Empire français,
auquel rien de ce qui peut être avantageux aux
lettres, à l'histoire et aux mœurs des peuples, n'est
indifférent, jugeait, d'après les détails que je viens
de donner, que cet examen fût digne de son attention ; s'il pensait que la mission, dont nous
émettons le vœu, pût être de quelque utilité, et
s'il daignait la favoriser, son passage dans le département de l'Ain, serait marqué par un nouveau
bienfait.

REMARQUES

Sur l'Accent breton-armoricain;

Par M. DE BLOIS, membre du conseil de préfecture du département du Finistère, et de l'Académie celtique.

Ce qu'on appelle vulgairement *accent* dans une langue, se compose de deux parties très-distinctes, et qu'on ne doit jamais confondre.

La première est la *quantité* ou le tems plus long ou plus court que l'on met à prononcer telle ou telle syllabe d'un mot, suivant des règles de convention. Elle est aux paroles ce que les notes sont à la musique sous le rapport de la mesure.

La seconde, qui est proprement l'*accent*, est l'inflexion de la voix qui s'élève ou s'abaisse plus ou moins sur chaque syllabe, de manière à former une espèce de modulation : c'est le chant du discours. Ainsi, moins une langue a d'*accent*, et plus elle est monotone.

Si l'on examine avec attention la langue bretonne parlée, on observera qu'elle a une *quantité* très-marquée et beaucoup d'*accent*; qu'ainsi, en la parlant, on chante beaucoup. Les deux dialectes de Léon et de Cornouailles, sont plus particulièrement dans ce cas ; leur quantité est placée de la même manière, et leur accent est à peu près le même, autant qu'il m'a paru.

Dans ces deux dialectes, l'avant-dernière syllabe de chaque mot est constamment longue ; ainsi, dans le mot *bara*, *pain*, la première syllabe est longue, et la seconde brève ; mais dans son composé *Barazer*, la longue se porte sur la seconde syllabe qui était brève dans la racine.

Il s'ensuit delà, que c'est la place de la syllabe dans le mot qui détermine sa quantité ; et qu'ainsi cette dernière n'est pas fixe sur chaque syllabe, comme dans le grec et le latin.

Il en résulte encore que la longue placée sur la pénultième, rend traînant et lourd le langage de ces deux dialectes.

Le dialecte de Treguier et de quelques communes de Cornouailles qui l'avoisinent, est contracté sur les deux précédens ; il est plus bref, et la disposition de sa quantité lui donne une marche plus légère. Dans un mot de trois syllabes, la première est toujours longue, et les deux dernières brèves , ce qui forme un dactyle : ainsi *kemener* se prononce *ke-mener*. J'avoue que je n'ai pas suffisamment observé la place de la longue , lorsqu'il se trouve une suite de mots d'une ou deux syllabes. Ce dialecte ne se parle pas dans le canton que j'habite, quoique situé en Tréguier ; il suit l'accent du dialecte de Léon, pays dont il a dépendu longtems autrefois, et auquel il est contigu ; mais le dactyle du mot de trois syllabes m'a frappé ,

ainsi que la marche du discours qui est sautil-
lante.

Quant au dialecte de Vannes, son système de
quantité ainsi que son accent, suffiraient seuls,
indépendamment des différences qu'il présente
d'ailleurs, pour le rendre presqu'inintelligible à
ceux qui parlent les trois autres.

La longue y est placée sur la dernière syllabe
du mot, tandis que les deux premières sont brèves; c'est un anapeste. On ouvre moins la bouche
pour prononcer les voyelles, ce qui les rend moins
sonores, et rapproche de la prononciation an-
glaise; les monosyllabes m'ont paru brefs pour
la plupart, et enfin la pause sur la longue est sensiblement moindre que dans les autres dialectes.
Ces circonstances réunies, donnent au discours
une très-grande rapidité. Aussi, les Bretons qui
ne sont pas familiarisés avec ce langage, se plai-
gnent-ils que les Vannetais parlent trop vîte pour
qu'on puisse les comprendre.

Je ne crois pas qu'il y ait beaucoup de langues
où l'*accent* soit marqué aussi fortement que dans
le breton, sur-tout dans les deux dialectes de
Cornouailles et de Léon ; c'est-à-dire, qu'il y a
sûrement peu de langues qui, dans le ton habituel de la conversation, présentent un aussi grand
intervalle entre le son plus grave et le son plus aigu du discours. Chez tous les peuples, dans tous
les idiomes, cet intervalle augmente ou diminue
d'autant plus que la personne qui parle, est plus
ou moins vivement affectée. On sent naturelle-

Acad. celt. Tome 5.   C

ment que la chose doit être de même, quoiqu'on
ne se soit pas donné la peine de remonter à la
cause; aussi arrive-t il souvent aux étrangers qui
viennent en Basse-Bretagne, et qui se trouvent
à portée d'entendre une conversation de paysans,
sans voir les interlocuteurs, de croire qu'ils se
disputent, qu'ils vont même en venir aux mains,
tandis qu'ils ne font que causer ensemble tran-
quillement.

L'intervalle du grave à l'aigu, dans une phrase
bretonne d'une certaine étendue, varie d'une manière singulière suivant les circonstances, et sûrement suivant des règles que je n'ai pas encore
pu saisir, que des observations suivies pourraient
donner peut-être, mais qu'il sera toujours difficile
de bien déterminer.

Le passage d'un ton grave à un ton aigu s'y fait,
en général, au moyen d'une série continue de
sons, qui serait mal rendue par un clavier dont
on ferait résonner successivement et rapidement
toutes les touches, parce qu'elles ne donnent que
les demi-tons; mais on en aurait une idée plus
exacte, en faisant promener le doigt en montant
et en descendant, plus ou moins, sur la corde d'un
violon qu'on ferait résonner sous l'archet. C'est
une véritable échelle enharmonique, dont la succession uniforme est rompue de tems à autre par
les longues qui se rencontrent dans le discours, et
qui forment des sautillemens ou des espèces de
cascades dans la suite des sons. Mais dans le dé-
pit, l'impatience ou toute autre affection vive, les

Bretons passent quelquefois brusquement et presque sans transition, d'un ton grave à un ton très-
aigu, sur-tout au commencement d'une phrase.

Dans les mots de deux ou trois syllabes, où l'a-
vant dernière est essentiellement longue, la voix
s'élève d'ordinaire sur la syllabe longue, pour
s'abaisser sur la dernière qui est brève : cela doit
avoir lieu sur-tout à la fin d'une phrase, mais ne
m'a pas paru sans exception.

Si la phrase est interrogative, la voix s'abaisse,
au contraire, sur la pénultième syllabe, pour s'é-
lever sur la dernière qui m'a paru devenir longue
dans ce cas. L'interrogation étant moins marquée
par les règles grammaticales dans le breton que
dans le français, la variation dans l'accent devient
plus nécessaire pour la faire distinguer.

La différence du système de quantité dans les
dialectes de Treguier et de Vannes, en apporte
aussi nécessairement beaucoup dans leur accent.
Dans l'un et l'autre, la voix m'a paru s'élever toujours sur la longue et s'abaisser sur les brèves.
Ainsi les Trecorois, pour prononcer suivant leur
accent le mot *kemener*, disent *ke-mener*. L'intervalle ordinaire du son le plus grave au plus aigu,
est chez eux presqu'aussi grand que dans les dialectes de Cornouailles et de Léon, autant que j'ai
pu en juger, et la marche de leur discours se rapproche un peu de l'accent gascon, quoiqu'il en
diffère à quelques égards.

Le vannetais, au contraire, qui a sa pause et
son élévation de voix sur la dernière syllabe, et
C *

qui met beaucoup moins d'intervalle que ses voisins entre le son grave et le son aigu, se rapproche beaucoup plus de l'accent français ; aussi le
peuple de Vannes et les paysans de ce canton parlent le français presque sans accent.

Je dois faire remarquer qu'en parlant de l'accent
breton, je suppose toujours cette langue dans la
bouche des cultivateurs, des artisans et des gens
du peuple, à qui elle est naturelle, qui n'en connaissent point d'autres, et qui, moins accoutumés
que les personnes des classes supérieures à s'observer et à se retenir vis-à-vis les uns des autres,
laissent exhaler plus librement dans leur langage
les divers sentimens qui les affectent ou qui les agi-
tent. Lorsqu'ils parlent le français, ils y apportent
toujours les règles, la construction, la quantité et
l'accent de la langue bretonne, ce qui paraît dé-
sagréable aux étrangers.

Quant aux personnes qui parlent habituellement le français, elles employent d'ordinaire la
quantité et l'accent de cette langue lorsqu'elles
veulent parler breton, circonstance qui leur fait
perdre beaucoup de son originalité.

Telles sont les remarques générales que j'ai faites sur les deux dialectes que j'ai été plus à portée
d'observer, et par comparaison sur les deux qui
me sont moins connus. Je me garderais bien d'af-
firmer que les règles que j'ai cru découvrir et que
j'ai indiquées, fussent parfaitement exactes : j'ai
même remarqué quelquefois dans le parler des
Léonnais et des Cornouaillais, que leur voix s'a-

baissait sur la longue de la pénultième, pour s'élever sur la dernière syllabe dans le cours et même
à la fin d'une phrase, sans qu'il y eut interrogation.
Je n'ai pas pu encore en deviner la raison. Il y a
sûrement et il doit y avoir à cet égard beaucoup
d'exceptions qui tiennent peut-être au son de voix,
aux habitudes ou même au goût de l'individu qui
parle ; elles demanderaient une étude plus suivie
et des observations délicates, générales et bien
constatées, si toutefois on peut y parvenir. Mon
but a été d'appeler l'attention des gens instruits
sur cet objet, et d'indiquer une méthode d'observer, afin qu'ils puissent vérifier mes remarques et
redresser les erreurs ou les méprises qui ont pu
m'échapper. La chose peut même être exécutée
par une personne qui ne saurait pas le breton, si
elle veut faire une grande attention à l'accent breton porté sur le français. Il n'est même pas douteux
qu'un étranger à la langue d'un pays, ne soit plus
propre à ce genre d'observations que celui qui
l'habite et qui a l'oreille accoutumée à son accent ;
celui-ci est nécessairement beaucoup moins frappé
de ses diverses variations.

Le moyen de la corde de violon, que j'ai indiqué,
pourrait n'être pas inutile et s'appliquerait également à la connaissance de l'accent des autres idiomes. Il faut pour cela une oreille bien exercée,
connaître l'instrument et en savoir faire l'usage
convenable : il donnerait l'intervalle entre le son
grave et le son aigu, et exprimerait la modulation
de la voix et ses modifications dans le discours

ordinaire. Mais ce qui serait difficile, ce serait d'apprécier cet intervalle d'une manière juste ; et sur-
tout d'écrire la modulation presque dans l'usage
habituel de la musique. Je ne crois pas qu'il existe
de caractères pour exprimer un intervalle plus
petit qu'un demi ton ; mais ce serait un moyen
qu'on pourrait essayer, si l'on croyait y trouver
quelqu'avantage, soit pour fixer l'expression des
sons, la rendre à volonté ou la retenir plus facilement dans la mémoire.

A. DE BLOIS.

RECHERCHES

Sur l'étymologie et l'emploi des locutions et des mots qui se sont introduits ou conservés dans le département de l'Orne, et qui n'appartiennent pas à la langue française de nos jours ;

Par M. Louis DUBOIS, membre de l'Académie celtique, et de plusieurs autres Sociétés littéraires.

ABIBOTTER. Faire *boi·e* du lait à un enfant.

Accourser, achalander. Etre accoursé, c'est-à-dire en *cours* de gagner.

Achée. Ver de terre. Ce mot n'est plus d'usage dans la langue française. A Blois, au lieu d'achée, on dit *ache.*

Acondire. Ce mot qui, suivant Oberlin, veut dire dans le patois messin, mettre obstacle aux publications, signifie ici *éconduire;* et c'est tout simplement un mot défiguré.

Affurer : voler; du mot latin *fur, voleur.*

Ahanner : se fatiguer, souffrir, avoir de la peine physique. Ce vieux verbe vient du substantif *ahan* qui signifiait peine, fatigue, et qui dérive probablement de l'exclamation : *ah! ah!*

Aimer (*s'*) dans un lieu : mauvaise locution employée pour dire : se plaire dans un lieu.

Airette, airette de jardin, petite *aire.* Ce mot

qui n'est pas français, est le diminutif d'*aire*, qui signifie une surface unie.

Amèches. On appelle ainsi les cerises proprement dites, et on confond sous le nom de cerises, les cerises, les guignes, les griottes et les bigarreaux.

Amont, en amont : en haut. On dit le vent est d'amont, c'est-à-dire le vent est de haut. Amont vient du mot *mont*, primitif et source de tout ce qui signifie haut, élevé.

Ancines, guignes d'Ancines : merises. Ce nom vient probablement d'Ancines, commune voisine d'Alençon, et de laquelle ont apportait beaucoup de merises.

Anerter : essarter, défricher ; du mot latin *iners*, oisif ; anerter est en effet rendre à la culture les terres oisives.

Areuné. Suivant Nicot, arruner signifie arranger. Dans le département de l'Orne, on l'emploie pour dire : mis en train. Je crois que ce mot vient du primitif celtique *ru*, ruisseau ; alors cette expression présenterait à peu près dans les mêmes termes, le même sens que se mettre au courant ; et c'est en effet là l'idée qu'elle offre à nos paysans.

Argancier, églantier. C'est la corruption du français églantier, qui s'écrivait autrefois aiglantier, et que Perion et Menage font venir du latin *acanthus*, ce qui n'est pas très vraisemblable.

Argélátre, argile. Mot corrompu.

Arquélier ou *harquelier*, homme qui tour-

mente, qui suscite des tracasseries. Espèce d'ono-
matopée.

Arrias, s. f. Obstacle, embarras; arrayé, dans
l'ancien français signifiait, occupé. Il est présu-
mable que ce terme vient du mot *arrie*, ci-après
employé pour dire au propre un fossé, et figuré-
ment un obstacle qui s'oppose au passage. En effet, par *arrias*, on entend un obstacle ou une difficulté quelconque.

Arrie, crête de fossé. Je crois que ce mot est
la corruption du vieux mot *orée*, bord, rebord.
Cette assertion me paraît d'autant plus probable,
que l'arrie est le rebord que forment les terres ti-
rées d'un fossé et sur lesquelles on plante ordinairement les haies.

Art ou *hart*. Ce qualificatif se joint ordinairement aux noms des bêtes de somme. Un cheval
art, est un cheval nu, un cheval sans harnais.
Hart vient peut-être du même mot celtique qui
sert de racine à haras, haridelle, etc.

Assire, s'assire, assisez-vous. Mauvaise con-
jugaison du verbe asseoir.

Asticoter, atticocher. Ce verbe vient de l'*astic*,
qui est un os creux, rempli de suif, dans lequel les
cordonniers enfoncent souvent leurs alènes. Il
signifie tracasser, piquer sans relâche.

Atelle. s. f. Bûche. Ce terme a la même origine
que le mot *ais*.

Aval. Ce mot s'emploie par opposition au mot
amont. Aval signifie en bas, et vient de *Val*, vallée, vallon.

Badé, mouillé, crotté ; du celtique *bad,* eau, d'où viennent les mots *balneum* en latin ; bain, *baigner,* baptiser, etc. , en français.

Badochet. Voyez *Dioleverd.*

Baratté. s. m. Lait de beurre. Ce substantif n'est, à proprement parler ; que la contraction, de *lait baratté;* il vient de *baratte,* ustensile dont on se sert pour faire le beurre. Ce mot est bon ; il serait à désirer qu'il reçût de nos grandes corporations savantes, des lettres de légitimation.

Bassicoter. Ce verbe vient du nom d'une cage en charpente, dans laquelle on élève les ardoises du fond des carrières. Il signifie : tirailler, agiter, et par extension de sens, marchander d'une manière mesquine. Ce qui confirme cette opinion, c'est que le mot français *tribulation,* a une origine analogue. Bassicoter , c'est donc attirer à soi un objet en l'agittant, en le tiraillant d'un fond quelconque.

Baube, bègue. *Bauber,* bégayer. Depuis longtems ces vieux mots ne sont plus d'usage.

Becco. Un bas de *becco,* un gant de *becco;* c'est-à-dire un bas de trop, un gant dépareillé.

Bedée, de *bedée,* tout à coup.

Bégaut, chandelier de bois avec une bobèche de fer à ressort. *Bégaud* ou *bégaut* signifiait autrefois un ignorant, sans doute parce que les bègues ont ordinairement l'air d'être ignorans , à cause de la difficulté qu'ils ont à parler. On ne voit pas trop quel rapport il peut y avoir entre ce meuble et un sot ; mais la plupart de ces dénominations ont été imposées sans raison, par des ouvriers qui n'en avaient guères.

Ben, bien. C'est la simple défiguration de *bien*, comme *ren* est celle de rien.

Berdanser, bredancer: balancer, se berdanser, se balancer.

Bernousé, embernousé ; sali par des excrémens. Du vieux mot français bren, bran, breneux.

Bibreteux, rouge.

Bie, cruche, pour buic et buire. Espèce de broc pour les liqueurs de table; et par extension, toute sorte de vase. Ces mots, ainsi que burette, contraction de buverette, busse, botte, que Ducange dérive du grec βύττο, viennent tous du primitif celtique *baue*, qui signifie antre, et généralement tout ce qui est creux. Bocal et boucaut et (suivant Bullet) bouteille ont la même origine, de même que bouche et poche, le dernier ayant changé le *p* en *b*, ce qui est très-fréquent dans ces sortes de dérivés et de composés.

Bief d'un moulin, canal. Ce mot vient de la même source que le précédent.

Bieu, fieur, il pieut, etc. Espèce de prononciation italienne, pour bleu, fleur, il pleut. J'ignore d'où peut venir cette manière de prononcer l'*l* qui suit les consonnes, manière qui pourrait fort bien être originaire de cette partie de l'ancienne Gaule, avoir été portée en Italie lors des immigrations des Gaulois, et depuis introduite

dans la langue qui s'éleva sur les débris du latin
et des idiomes barbares.

Biland, qu'il faudrait peut être écrire *bilent*,
lent, très-lent. Ce qualificatif vient évidemment
du latin *lentus*, bis *lentus*. C'est comme si on
disait deux fois lent.

Bilander, être lent.

Biseuil ou *Biseul*, bloc de silex qui n'a pas été
taillé On dit ailleurs biset ou cailloux biseté.
Suivant Bochart, biset est là pour bisec; il vient
du grec βιξακιον, qui signifie une petite pierre.
Meursiens le prouve au mot βιξακιον. Les Chal-
déens disaient aussi bizcca.

Blosse, prune savage.

Bogues. s. f. Les yeux. On peut trouver l'origine de ce mot dans plusieurs langues anciennes ;
en recourant au celtique, on trouve *bot*, contre-
fait, et *guell*, vue. Le grec nous fournit βοωπιδ,
qui a de grands yeux. Le poisson que l'on nomme
Bogue, ne porte ce nom, suivant l'ichtyolo-
gue Rondelet, qu'à cause de la grandeur de ses
yeux, du mot grec βοιψ. On appelle aussi *bogues*
les zestes de la châtaigne, parce qu'en s'ent'rou-
vrant, elles forment comme des paupières sur un
œil.

Boguye, chassie.

Boguyeux, chassieux, du mot bogues.

Boille, gros ventre. Du vieux mot français
boël, boyau.

Bôner, masquer le visage. A proprement parler, c'est couvrir les yeux.

Bonnedà. Exclamation, comme *bon!*

Bordage et *Bordager.* Ces deux mots sont dérivés du mot celtique-saxon *bord,* dont on fit une borde, une habitation de campagne. Le dictionnaire de Trévoux dit que bordage, en terme de coutume, était un « droit seigneurial dû sur une borde, loge ou maison baillée pour faire les vils services du seigneur. » Le bordager est le propriétaire du bordage.

Bosser, paraître volumineux, paraître grand, s'étendre ; on dit ailleurs *avanger.* Du mot *bosse,* c'est-à-dire faire bosse, faire monceau. Cette expression vient du grec.

Bouligot, petite pelotte de fil mal faite ; du mot *boule* et sans doute du qualificatif *gaté,* petite boule gâtée.

Bourrier, mauvaises herbes, plantes parasites que l'on sarcle. Bourrier vient du latin *burra* employé par le poëte Ausone, pour signifier des *riens ;* d'où est venu *bourre,* mauvais poil, bourrée, fagot fait de mauvaises branches.

Bout, être *sur bout,* être debout.

Brague, culottes. Ancien mot français venant du celtique. La Gaule narbonnaise s'appelait en latin *Gallia braccata,* c'est-à-dire Gaule culottée, à cause de cette sorte de vêtement dont se servaient les habitans de cette ancienne province. On disait aussi brages, braies.

Braie, instrument pour *broyer* le lin.

Brassière, corset qui a des *bras.*

Brénéche, petite ordure. Du vieux mot *brèn*, excrément.

Briffonnier, marchand de volailles. Ce substantif vient du celtique *Dibriff*, manger ; ou bien de *brifa* ou *brifal*, manger avec avidité, d'où l'on a tiré les mots français *briffer, briffant.* Briffonnier signifie donc : marchand de vivres, de tout ce qui se mange ; et depuis, dans un sens plus restreint, il a été pris pour marchand de volailles.

Broder, tricoter.

Buée, lessive. Vieux mot. Ménage déraisonne beaucoup sur l'origine de ce mot, que Huet fait venir du grec βύω, d'où le mot latin *imbuo*, et le français *imbu*. En effet, le linge est imbu par la lessive.

Cabaret, avant-toit. De *caban* (celtique), habitation. C'est la partie prise pour le tout. *Cab* signifie la même chose, et *are* est une particule itérative.

Caignot, Cainjon, Quéniot, petit enfant, par mignardise ; peut-être du mot celtique *cas*, chien, petit chien ; comme on dit : mon petit chat, mon minet.

Cambotte. Espèce de paniers qu'on met sur le cheval, l'âne ou le mulet, pour porter le fumier, etc.

Carabin, sarrasin, bled sarrasin. Mot corrompu.

Carreau, planche. Sans doute à cause de la forme à peu près carrée des planches.

Casse, léchefrite. Ménage fait venir ce mot du latin *capsa*, boîte, petite caisse. En effet, cassette vient évidemment du diminutif *capsetta*.

Castille, castillier, petite groseille, petit gróseiller. Dans quelques autres parties du département, on dit gade, gadelier ; grade, gradillier.

Caterre ou *Mal de l'an*. Convulsions et coliques des enfans. Caterre est peut-être la corruption du mot catarrhe, qui est pourtant le nom d'une autre maladie.

Cavereau, soupirail de cave. Ce mot vient du celtique *cau*, *cav*, creux, ou du *cava* des anciens monumens celtiques, qui signifie une cave; et de *ar*, élevé. Le cavereau est une trappe élevée au-dessus de l'ouverture d'une cave pour la fermer.

Cenas ou *Senas*, grange, grenier. Corruption de *cellarium*, d'où est venu cellier.

Châtelet, dévidoir. Ce mot *châtelet*, vient probablement de la forme de ce petit instrument qui est fait en forme de tour, de *château*; du celtique-breton *castell*, d'où les Latins ont emprunté *castellum*, et nous *castel* château, et châtelet son diminutif.

Chaubert, rhume. *Enchauberté*, enrhumé. *Déchauberté*, désenrhumé. Vieux mots.

Chaudin, entrailles de porc. Ménage et Nicot font venir le chaudeau de *calidus*, parce que c'est un breuvage qu'on prend chaud. Je crois qu'on en peut dire autant de chaudin, qui est un aliment que l'on mange chaud et cuit dans la *chaudière*, tandis qu'on mange rôties ou grillées les autres parties du porc.

Chiau, petit chien. C'est peut-être la corruption de *cheau*, petit loup. Les rapports de ressemblance qui existent entre le chien et le loup, semblent accréditer cette opinion. Au reste, chiau paraît le diminutif de chien.

Cicot pour Chicot.

Cochonnée, malpropreté, ordures. Du mot français cochon, qui dérive de l'augmentatif italien *ciaccone*.

Coconnier, marchand d'œufs. Des mots français coq, coque d'œufs, coquetier.

Coffir, *Cottir*, meurtrir, écraser. Ces verbes viennent du grec κόπτειν, frapper, ou du latin *contundere*, écraser.

Coger, forcer. Du latin *cogere*, qui a la même signification.

Compère, gilet. L'origine de cette dénomination n'est pas plus connue que celle de nos autres vêtemens.

Conroi, glaise.

Conséquent, pour *considérable*, *de conséquence*. Cette faute de français n'est point particulière au département de l'Orne, pas plus que cent autres mots barbares, contre l'admission desquels les journaux s'élèvent depuis long-tems.

Coq. Renoncule pivoine, à cause de sa couleur aussi vive que la crête du coq.

Corsir, racornir. Corruption de racornir, rendre dur comme la corne.

Couâs. s. f. Corneille. C'est un mimologisme. Ce nom vient de l'imitation du cri de l'oiseau, comme ceux de *upupa*, hupe, de *cuculus* coucou, et le mot français *coucou.*

Coueé. Expression de mépris, en parlant, par exemple, d'une *queue* de jupon ou de robe, crottée ou salie. Du vieux mot français *coue,* queue. [annotation manuscrite illisible]

Couéme, fiente de cheval. Peut-être disait-on *équouéme* ou *écouéme,* du celtique *eq*, cheval, d'où le latin fit *equus*, et le français écurie, écuyer. Ce mot *couéme* ne serait pas le premier auquel on eut enlevé la tête, comme on a fait dans tant de mots. En celtique *couchin*, cheval, et *coucy*, salir, pourraient aussi servir à expliquer le mot *couéme.*

Corraie. On appelle ainsi cette partie des entrailles qui est composée des poumons et du cœur, et quelquefois du foie. On connaît les mêmes pièces dans d'autres cantons, sous le nom de *hatille.*

Courtil, jardin. Du mot court, cour, *curia.*

Crédence, petite armoire dont les tiroirs sont au-dessus des portes. Vieux mot. La crédence est un meuble auquel on confie (*credere* en latin) ses effets les plus précieux. On trouve crédenciers pour buffetiers, dans Rabelais. Liv. IV, chap. 64.

Cressir, Kersir, presser violemment; et par extension, mourir.

Croche, pour crochu, crochue.

Croillet, verrou. *Crouiller,* fermer la porte.

Acad. celt. Tome 5.   D

avec le *croillet.* Ces deux mots ont la même origine que le mot *écrou.*

Cu-fourché, perce-oreille. Ce nom de *cu-fourché* vient de la pince en forme de *fourche*, dont est armé le *cul* de cet insecte.

Cuisse, pain de cuisse. Cuisson, pain de cuisson. Mots corrompus.

Cusser, gémir, se plaindre. Ce verbe vient du celtique *ki*, chien, d'où les Grecs ont fait Κυων, et les Latins *canis;* parce que les chiens, lorsqu'ils se plaignent, ont un gémissement perçant, qu'exprime très-bien le celtique *ki.*

Nota. Je dois déclarer ici, que la plupart des mots cités comme celtiques, dans ce Vocabulaire, à l'exception de quatre ou cinq, tels que *guell*, *dibriff*, *cau* et *ki*, ne sont pas celtiques. — E. J.

LETTRE

*De M. Jouyneau Desloges, membre de l'Aca-
démie celtique, à M. Eloi Johanneau, secrétaire perpétuel de la même Académie,
sur le dragon de Poitiers, appelé la Grandgueule, et sur celui de Niort.*

Poitiers, 26 Novembre 1809.

M**onsieur**, les villes de Metz, de Rouen, de
Paris, l'abbaye de Fleury dans l'Orléannais, le
village de Torcy, près Lunéville, etc., ne sont
pas, en France, les seuls lieux où l'on ait conservé le culte d'un *dragon* ou *serpent ailé* auquel on attribuait des faits extraordinaires. Nous
fêtions aussi, à Poitiers, l'image d'un dragon célèbre, appelé la *Grand'gueule.* Sa forme, son
histoire ou plutôt sa fable, les cérémonies de
son culte et sans doute son origine, sont les
mêmes que celles des autres dragons de tous les
pays, et que celles, en particulier, du *Graouilly*
de Metz, et de la *Gargouille* de Rouen ; au point
qu'en lisant cette Notice, vous croirez relire une
partie de ce que MM. *Lenoir* et *Dupin* ont écrit
sur ce même sujet, l'un dans le N.º 4, l'autre
dans le N.º 9 des *Mémoires de l'Académie celtique.*

D⁎

La *Grand'gueule* de Poitiers, était également un monstre ailé, terrible, horrible, effrayant, à écailles vertes, à longue queue, à griffes sanglantes, et sur-tout à large gueule, ne vivant que de chair humaine. Elle sortait fréquemment, soit pendant le jour, soit pendant la nuit, d'une caverne qui lui servait de retraite à quelques cent pas de la ville ; traversant au vol la rivière qui baigne ses murs, elle venait enlever dans les rues, sur les places, dans les jardins, les habitans les plus notables qu'elle dévorait, et même de préférence, jusque dans leurs cellules, des religieuses de l'abbaye de Sainte-Croix, fondée par Sainte Radégonde, vers le milieu du 6.e siècle. Heureusement pour la contrée, un prisonnier coupable d'un crime qui lui méritait la mort, armé, cuirassé comme l'archange *Saint Michel* ou le chevalier *Saint Georges* aurait eu lui-même besoin de l'être en pareil cas, osa combattre et eut la vigoureuse adresse de détruire le monstre; ce qui lui valut sa grâce proposée et promise à cette condition. Telle est la tradition constante à Poitiers et dans toute la contrée.

Il manque à cette tradition deux points essentiels, la date de l'événement et le nom du brave qui délivra la contrée du monstre dépopulateur et cruel qui la ravageait. Mais comme on voulait absolument persuader les générations suivantes qu'il avait réellement existé, on dut bientôt avoir et exécuter l'idée si simple, de le représenter tel qu'on avait cru le voir ou d'après le rapport de ceux qui prétendaient l'avoir vu. Alors, la tradition eut un titre qui parut irrécusable.

La représentation de la *Grand'gueule* était en bois, et assez artistement faite. Comme sa légende traditionnelle, dont on voulait prévenir l'oubli, rappelait un événement en quelque sorte miraculeux, dont l'humanité et la religion, long-tems affligées, avaient dû se consoler et se réjouir, on portait chaque année, processionnellement (usage qui n'a cessé qu'à la révolution), ce simulacre, le troisième jour des Rogations, en même-tems et presqu'avec autant de respect que l'on montrait au peuple un brillant reliquaire de la *vraie Croix*, et une statue en pierre de la *Sainte Vierge*, qu'escortaient, devant et derrière, le nombreux clergé soit séculier, soit régulier, ainsi que les croix et les bannières des vingt-quatre paroisses de la ville, de cinq chapitres, de deux séminaires toujours très-peuplés, de trois hôpitaux, et d'une vingtaine de couvens, tant en religieux qu'en aumôniers (tout cela existait alors à Poitiers), précédés, entourés ou suivis de milliers de fidelles, sans compter ceux que la piété ou la curiosité plaçait à toutes les fenêtres sur le passage. On voit combien cette procession était pompeuse, et sur-tout que la *Grand'gueule* était en bonne compagnie.

Les habitans des campagnes accouraient en foule, de douze à quinze lieues à la ronde, à cette procession des Rogations, pour y voir la *Grand'gueule*. Il fallait l'avoir vue au moins une fois *en sa vië ;* et chacun s'en vantait dans sa contrée. Dès que les enfans avaient à-peuprès atteint l'âge de huit à dix ans, les parens ne manquaient pas de leur promettre de les mener à cette procession, à condition qu'ils seraient sages, et avec la menace, en leur montrant la *Grandgueule*, qu'elle saurait bien les reconnaître et les retrouver, en quelque lieu qu'ils fussent; qu'elle viendrait les dévorer, jusque dans leurs bras, dès qu'elle apprendrait qu'ils seraient devenus indociles ou méchans.

Ce n'est pas tout; par suite de l'opinion que j'ai déjà exposée, les vieilles femmes du peuple, celles dont la piété avait plus de confiance et de crédulité, voyant cette figure, toute hideuse et effrayante qu'elle fût, d'ailleurs décorée de fruits, de guirlandes de fleurs, de petits gâteaux et de rubans de toutes couleurs, portée, ainsi qu'on l'a dit, dans une procession, avec tous les accompagnemens que l'on a mentionnés, parmi lesquels étaient les enseignes des saints patrons et des saintes patronnes de toutes les églises de la cité; les vieilles femmes, dis-je, la prenaient aussi pour celle d'une sainte, et lui donnaient le nom de *bonne Sainte Vermine* (1). Ces vieilles

---

(1) C'est ainsi qu'on trouve dans Muratori, des inscriptions aux saints dragons, SANCTIS DRACONIBUS.

Éloi Johanneau.

femmes croyaient qu'on la montrait, pour qu'on
la priât de préserver tous ceux qui la suivaient,
de l'atteinte de tous les animaux nuisibles avec
lesquels elle pouvait avoir quelque ressemblance :
et elles la priaient avec beaucoup de ferveur.
Elles cherchaient même, autant que la foule pouvait le permettre, et que le porteur fatigué voulait s'y prêter, à y faire toucher leur chapelet ;
à quoi elles mettaient le même empressement,
qu'à s'approcher du reliquaire pour en faire de
même.

Quoi qu'il en soit, aussitôt la procession finie,
la *Grand'gueule* de Poitiers rentrait en dépôt à
l'abbaye de Ste-Croix, d'où elle ne sortait avec le
reliquaire, que l'année suivante, à pareil jour.
Cela s'est pratiqué ainsi jusqu'à la révolution. J'i-
gnore ce qu'elle est devenue depuis.

La caverne dans laquelle on suppose que résidait la *Grand'gueule*, et que toutefois la tradition
ne désigne pas, est apparemment une caverne
ouverte horizontalement et assez vaste pour que 15
ou 20 personnes au moins puissent s'y mettre à
l'abri, laquelle existe encore dans un rocher sur
le bord d'une prairie traversée par le *Clain*,
au S. S. E. de la ville. On l'appelle maintenant
la *Grotte à Calvin*, du nom de ce fameux hé-
résiarque qui, effectivement, a fait quelque séjour dans cette contrée, et de qui il est écrit qu'il
allait souvent se promener de ce côté-là, et qu'il y
réunissait de tems en tems, en secret, quelques-uns
des habitans les plus notables de Poitiers ou des

environs, que l'histoire nomme , et dont il cher-
chait à faire des prosélytes. Au reste , vous sa-
vez qu'il n'est ni caverne ni grotte sur l'existence et l'emploi de laquelle il ne se soit fait et
ne se fasse encore des contes plus ou moins extraordinaires. Celle-ci se trouve vis-à-vis la maison dite l'*Hermitage,* autrefois maison de délas-
sement ou de solitude pour les religieux capu-
cins qui en ont joui jusqu'à la révolution , élevée
sur le côteau opposé , d'où la vue se plonge , à
droite et à gauche , sur une vallée peu étendue ,
mais agréable et pittoresque. L'on voit encore,
près de cette maison , les restes d'un aqueduc
construit par les Romains, et qui servait à conduire dans la ville de Poitiers les eaux d'une
fontaine voisine. Ces restes, qui annoncent d'antiques arcades, sont appelés *les arcs de Parigni,*
peut-être du nom d'un ancien propriétaire du terrain où ils sont situés, et qui aura voulu les conserver (plutôt du latin *paries.* — E. J.).

M. Thibaudeau , auteur d'une Histoire du Poitou, en 6 volumes *in*-12, sachant tout ce qu'on
débitait et croyait de la *Grand'gueule* de Poitiers,
dans tout le pays, et témoin des honneurs que l'on
rendait annuellement à son simulacre , ne pouvait guère se dispenser d'en faire quelque mention.
Il ne la nomme que le *Dragon volant.* Je vais
extraire ce qu'il en dit, pages 140 et 141 du 2.e
volume. En convenant que l'on ignore à quelle
époque a commencé à Poitiers l'usage d'y porter
à une des processions des Rogations la figure de ce

dragon, il ne croit pas que ce soit la commémo-
raison mystérieuse, comme quelques-uns le pensent, d'un triomphe de J.-C. sur le dragon infer-
nal, parce qu'on aurait porté cette figure renver-
sée, au lieu de la porter élevée : ce qui lui fait
rappeler que l'Empereur Sigismond, vers l'an
1418, avait institué un ordre de chevalerie appelé
du Dragon renversé, dont les chevaliers portaient,
entr'autres décorations dans les jours solennels,
une chaîne d'or au bout de laquelle pendait *un
Dragon renversé, aux ailes abattues ;* voulant
signifier par là l'anathème prononcé au concile
de *Constance*, contre la doctrine et la personne
de *Jean Hus* et de *Jérôme de Prague*. Il rappelle
aussi que les Luthériens, dans les guerres de religion du 16.ᵉ siècle, avaient affecté de prendre
pour devise dans leurs enseignes un *Dragon re-
levé* contre l'Eglise. M. Thibaudeau, tout en
présentant ces rapprochemens, et sans chercher,
ajouté-t-il, l'origine mystérieuse ou fabuleuse de
la figure du *Dragon volant* de Poitiers, finit par
adopter l'opinion populaire, et paraît croire que
cette figure représente un animal de même genre,
qui aura paru autrefois en Poitou, *comme il y en
a eu en d'autres endroits*, et dont on aura attri-
bué la destruction à l'intercession de Sainte Radégonde, et que c'est pour cela que l'on a conservé la représentation de cet animal dans l'abbaye de Sainte-Croix, fondée par cette sainte religieuse. M. Thibaudeau conseille, en même tems,
de faire cesser l'usage de porter cette figure en

procession., à cause des idées fausses ou ridicules
que l'ignorance et la superstition qui l'honoraient
en quelque sorte comme une relique, y attachaient.

. Après l'exposé fidelle qu'on vient de lire,
je n'ai pas besoin de faire remarquer que tout
ce que M. *Lenoir* écrit du *Graouilli* de Metz,
de la *Gargouille* de Rouen, etc. , s'applique parfaitement à la *Grand'gueule* de Poitiers et à tous
les *Dragons* ou *Serpens volans* passés , présens
et futurs , qui se multiplient chaque jour, puisque le Numéro XI des *Mémoires de l'Académie
celtique*, vient d'en annoncer encore trois, à Ven-
dôme', à Comminges, à Bordeaux, et qu'il me
reste à en faire connaître un autre, dont le monument a été récemment découvert dans l'ancien
Poitou, et qui a eu aussi son historien. Leur mul-
tiplicité., la ressemblance de leurs formes, l'identité des traditions sur leur existence, ainsi que des
faits qu'on leur attribue, suffiront pour prouver
que ce n'est pour tous qu'une fable, une allégorie,
un emblême né de la même source, et dont le .
type inventé ou imité convenait apparemment aux
vues mystiques de tous ceux qui ont cherché à en
accréditer la croyance.

On découvrit en 1788, ou plutôt l'auteur de
la Notice sur ce dragon ne remarqua que dans ce
tems là, dans le cimetière de l'hôpital général de
la ville de Niort, une pierre faisant partie d'un
mausolée que la tradition, qui en était déjà connue, prétend avoir été élevé à la mémoire d'un
militaire déserteur, auquel sa grâce fut promise

s'il osait combattre et parvenait à détruire un énorme dragon ou serpent ailé qui désolait le pays. C'est la même fable que celle du dragon de Poitiers; mais l'issue du combat n'est pas la même. Couvert d'un masque de verre et armé de toutes pièces, le militaire vint bien à bout de blesser et d'abattre le monstre; mais le croyant mort, il ôta son masque et eut l'imprudente curiosité de vouloir considérer de près son ennemi terrassé, lequel, tout mortellement blessé qu'il était, s'élança subitement sur son vainqueur et lui ayant communiqué le poison le plus subtil, le militaire périt en même-tems que le monstre dont il venait de délivrer sa patrie. La tradition varie sur la date de l'événement; les uns prétendent qu'il est de 1589, et que le militaire s'appelait Guillaume de Beauchamp, *Guilelmus de Bello campo;* les autres, de 1692, et nomment le soldat Jacques Alloneau, *Jacobus Alloneau* (1). Ces deux dates sont bien modernespour un fait de cette sorte. Aucune d'elles ne peut être vraie, en supposant que le fait le fût. Cependant il existe encore une partie du monument qui semble l'attester. Tout ce récit

---

(1) Ce qui prouve que cette histoire n'est qu'une fable religieuse et une fable bien ancienne, c'est que le nom d'*Alloneau* est en relation avec elle, puisque *Al lon* en celtique, signifie *la bête* ou plutôt de *la bête*, en sousentendant le prénom. Ce personnage fabuleux en aura donc tiré son surnom, comme Apollon a tiré celui de *Pythius*, du serpent Python. —— *Eloi Johanneau.*

est tiré d'une brochure très - nouvelle, puisqu'elle n'est que de l'an 7, dont je joins ici un exemplaire; elle est intitulée : *Dissertation sur l'existence des dragons,* par M. d'*Orfeuille,* membre de l'Athénée de Niort. L'auteur a fait les frais d'une gravure qu'on y trouve, représentant un soldat sous un ancien costume, et auprès de lui un *dragon* ailé. Ces deux figures, lui a-t-on assuré, se voyaient encore, il n'y avait pas dix ans, sur une des parties du mausolée, dont il paraît ne s'être conservé qu'une pierre, avec cette inscription en trois lignes : *Siste viator, rem habes paucis : hi periere simul.* On y voyait aussi le nom du soldat, l'époque et les circonstances du combat et de sa mort, et enfin ces autres mots latins qui en expliquent la cause : *Homo occubuit serpentis veneno.*

M. d'*Orfeuille* ne paraît pas avoir le moindre doute sur la vérité de l'événement dont on vient de lire le récit. Ne pourrait-on pas dire qu'il y en a trop de semblables, et dont les traditions sans doute contemporaines ou calquées les unes sur les autres, doivent venir de la même source, pour qu'aucun soit vrai? M. d'*Orfeuille,* pour en venir là, et dans l'espoir d'y faire ajouter foi, a ajouté beaucoup de témoignages à ceux que Don *Calmet,* dans sa lettre insérée au Journal de Verdun, du mois de Juin 1751, rapporte, pour prouver l'existence de tous les *dragons* ou *serpens volans* que tant d'écrivains sacrés ou profanes, anciens ou modernes, ont cru pouvoir

et devoir attester. Son érudition sur ce point est
infinie, et la matière paraît épuisée. Cependant
Ducange, dont les connaissances et le jugement
méritent quelque confiance, et qui parle du dragon de l'abbaye de Fleury, pensait, comme
tous les archœologes de notre tems, les plus instruits, que ce n'était qu'une allégorie ou un emblême.

JOUYNEAU DESLOGES.

P. S. Je possède depuis 30 ans, un manuscrit assez
curieux, qui m'a été donné par les héritiers d'un
ancien échevin, ayant pour titre : *Noms des mai-*
res de la ville de Poitiers, depuis 1213 jusqu'en
1770, avec des remarques (qui remontent jusqu'à 1200) *de ce qui s'est passé de plus considé-*
rable et intéressant pendant tout ce tems, tant
en France qu'ès royaumes voisins et éloignés.
C'est une sorte de mémorial historique et chrono-
logique fait, année par année, dans l'ordre suc-
cessif et sans art. Le faux ou le fabuleux y est souvent mêlé avec le vrai ; mais le vrai y est dit quelquefois avec courage. Tout ce qui conduit jusqu'au tems où Bouchet a cessé d'écrire, paraît extrait de ses 'Annales ; et tout le manuscrit n'est que
une compilation copiée par plusieurs mains, avec
des additions ; mais la chronique poitevine y est
assez étendue. J'y vois sous l'an 1280, année de
prodiges apparemment, comme les vieilles histoires nous en donnent par fois, qu'il apparut à
Poitiers *un dragon volant par l'air*, en même-

tems que les eaux furent grandes; qu'il y eut un tremblement de terre furieux; que le soleil fut obscurci depuis midi jusqu'à deux heures, et que peu après la lune parut toute noire. Cela voulait présager, ajoute-t-on, la mort de l'incomparable jacobin Albert le Grand, et quantité d'autres malheurs qui arrivèrent dans la suite....

J'ai lu aussi dans les *Annales d'Aquitaine*, 4.ᵉ partie, fol. 76, *verso*, édit. ital. de 1545, à Poitiers, chez les frères Marnef que : « Lorsque la » procession passait dans un lieu que l'on dé- » signe, le huche ou crieur de la ville, devait » jeter contre la maîtresse châsse de l'église ca- » thédrale, où sont les barbes de Saint-Pierre, » ung vaisseau de verre rond, plain de vin ; et » s'il y touchait, auroyt la valeur de tout ce qu'il » mouillerait de ladite châsse, mais seroyt ex- » communié. »

La procession de la grand'gueule me rappelle qu'il a été proposé depuis peu, par des ames pieuses, de rétablir une cérémonie votive, suspendue par la révolution, et qui avait été fondée dès l'an 1202, à l'occasion d'un événement (*le miracle des clés*). La voici : tous les ans, puis ensuite tous les deux ans, apparemment par économie, le lundi de Pâques, l'épouse du maire, accompagnée de toutes les femmes des membres du corps municipal (long-tems composé de cent individus,

savoir : un maire, 24 pairs ou échevins, et 75 bour-
geois), venait, au nom de ce même corps, après vê-
pres, offrir, avec des fleurs, un riche manteau neuf
à la statue de la Vierge qu'elle en revêtait elle-
même, en présence du curé de Notre-Dame et de
tout son clergé qui recevait le cortége à la porte de
l'église. Dans la marche de ce cortége, on re-
marquait cette singularité qui était d'étiquette : les
femmes donnaient la droite aux hommes. Le
soir il y avait, à l'hôtel du maire, un grand sou-
pé suivi d'un bal.

JOUYNEAU DESLOGES.

MÉMOIRE

*Sur quelques Monumens antiques que renferme
la forêt de Fougères, département d'Ille-et-
Vilaine;*

Par M. RALLIER, membre du Corps législatif, et de
l'Académie celtique.

L es forêts sont peut-être les premiers livres que
devraient consulter les amateurs de l'antiquité,
et ceux-là sur-tout qui désirent enrichir l'histoire
des Celtes de quelques observations nouvelles.

Je me reprochais depuis long-tems de n'avoir
étudié, sous ce rapport, la forêt de Fougères que
d'une manière trop superficielle, et j'ai senti enfin, qu'une semblable négligence deviendrait tout
à fait inexcusable, après l'honneur que m'a fait
l'Académie celtique, de m'admettre dans son sein.

Si je ne puis prendre exemple sur tant de membres distingués de cette Académie, qui vont chercher dans toute l'Europe les vestiges précieux des
antiquités celtiques, je dois au moins, faire
connaître ce que les lieux que j'habite peuvent
offrir d'intéressant en ce genre.

La forêt de Fougères conserve encore quelques
anciens monumens. S'ils n'ont point l'aspect im-
posant de ceux de Carnac ni de plusieurs autres

blent défier la faulx du tems et même la main des-
tructive des hommes; ils rappellent d'une manière
aussi fidelle encore, quoique moins énergique,
de grands et d'antiques souvenirs.

Je décrirai trois objets dans ce Mémoire :

Les deux premiers, connus à Fougères sous les
noms du *Monument* et de la *Pierre du Trésor*,
paraissent être des monumens celtiques de la nature de ceux que l'on désigne par le nom de *Dol-
men.*

Le troisième, sans remonter à une aussi haute
antiquité, puisqu'il est du 12.ᵉ siècle de notre ère,
peut sembler, sous d'autres rapports, digne de
quelqu'attention. Ce sont les *Celliers de Landéan*, monument dont bien des personnes connaissent le nom, mais dont aucune, que je sache,
n'avait pu jusqu'ici se former une idée bien exacte.

Le Monument.

Ce qu'on appelle encore dans le pays *le Monument*, est situé dans la partie occidentale de la
forêt de Fougères, à 12 mètres seulement de distance à l'est de l'allée de Clairdouet, qui communique des Celliers de Landéan au carrefour de la
Croix du Poulailler, et à environ 300 mètres au
nord de ce carrefour.

Il consistait principalement en une pierre qui
avait au moins 4 mètres 87 millimètres (15 pieds)
de longueur, sur 2 mètres 60 millimètres (8 pieds)
dans sa plus grande largeur, et environ 1 mètre
13 centimètres (3 pieds 6 pouces) d'épaisseur.

Acad. celt. Tome 5.   E

Elle était soutenue à environ 7,31 décimètres
(2 pieds 3 pouces) au-dessus du sol actuel
qui paraît s'être exhaussé, par dix autres pierres
de moindres dimensions, qui , posées sur deux
rangs , formaient une sorte de rue dont l'intérieur est aujourd'hui plus bas d'environ 6 décimètres (1 pied 10 pouces) que le terrain environnant. Cette rue avait un mètre de largeur, et sa direction était à peu près du nord-est au sud-ouest.
Plusieurs pierres que l'on remarque au sud-ouest
de cette rue, et qui conservent encore à peu près
sa direction, semblent annoncer qu'elle se prolon-
geait autrefois un peu davantage de ce côté.

Quelques-unes des pierres du support ayant été
dérangées ou par le tems ou par les efforts des
hommes , et la pierre de recouvrement ayant par
suite porté à faux d'un côté, elle s'est séparée en
deux parties qui se sont un peu écartées l'une de
l'autre , mais de manière cependant à ce qu'on ne
puisse douter qu'elles ne fissent originairement
une seule et même pierre. Le fragment le plus
considérable est au nord-est. Il paraît qu'en s'incli-
nant, il s'est aussi un peu détourné de sa première
direction.

Le plus petit a deux mètres de longueur, et ne
s'est pas sensiblement dérangé. Toutes ces pierres
sont de l'espèce de granit qui se rencontre communément, et quelquefois en grandes masses, dans
cette partie de la forêt de Fougères et dans les
communes voisines.

La Pierre du Trésor.

La *Pierre du Trésor* est située dans la partie orientale de la forêt de Fougères, entre la grande route de Caen et l'allée dite des *Hauts-Vents*, à environ 120 mètres de l'une et de l'autre, et à un kilomètre et demi au sud des Celliers de Landéan.

Cette pierre a 3 mètres 79 millimètres (11 pieds 8 pouces) de longueur, 2 mètres 27 centimètres (7 pieds) de largeur, et environ 8 décimètres (2 pieds 6 pouces) d'épaisseur. Elle était, comme la précédente, supportée par plusieurs autres pierres moins grosses; mais quelques-unes de celles-ci ayant été déchaussées et renversées, la pierre supérieure a glissé d'un côté jusqu'à terre, de sorte qu'elle ne porte plus que par son extrémité sud sur ses supports. Mais on ne saurait douter qu'elle ne formât jadis avec eux, quoiqu'un peu plus en petit, un monument semblable à celui de l'article précédent. Les supports rangés sur deux lignes, paraissaient former une ruede 1 mètre 62 centimètres (5 pieds) de largeur, dont la direction était à peu près nord et sud. Cette rue était plus basse que le terrain environnant, au-dessus duquel la pierre supérieure, quand elle était en place, s'élevait d'environ 6 décimètres (1 pied 10 pouces).

La Pierre du Trésor est, ainsi que ses supports, d'une pierre siliceuse commune dans la partie nord-est de la forêt de Fougères. Son nom lui a été funeste. On a cru qu'un trésor était enfoui

E

au-dessous d'elle, et, dans l'espoir de le découvrir, on a fait des fouilles qui ont dégradé le monument, sans avoir, je pense, enrichi personne.

Les Celliers de Landéan.

Henri II, roi d'Angleterre, profita de la faiblesse
de Conan IV, duc de Bretagne, pour se rendre
tout puissant dans cette province ; et à la mort de
Conan, qui arriva en 1170, il parvint à faire reconnaître duc de Bretagne, son propre fils Geof-
froi, qui était alors fort jeune, et sous le nom duquel il régna assez long-tems lui-même.

Parmi plusieurs seigneurs bretons qui opposè-
rent cependant quelque résistance aux vues am-
bitieuses de ce monarque, on distingua sur-tout
Raoul de Fougères (1) qui prenait, ainsi que ses
prédécesseurs, le titre de premier baron de Bretagne.

Dès l'année 1166, Henri II mécontent de Raoul,
l'avait assiégé dans Fougères, et avait pris cette

(1) Il a existé plusieurs seigneurs de Fougères, du nom
de Raoul. Celui dont il est question ici est Raoul II, qui
fut l'ennemi irréconciliable des Anglais. Il était petit-fils
de Raoul I.er, qui accompagna Guillaume le Conquérant
en Angleterre, et qui fut le fondateur de la célèbre abbaye
de Savigny. Raoul II est bisaïeul de Raoul III, qui, en
1230, rendit hommage à Saint Louis, et qui, le 29 Jan-
vier 1253, maria Jeanne de Fougères et de Porrhoet, sa
fille unique, à Hugues de Lusignan, comte de la Marche
et d'Angoulême.

ville d'assaut, ainsi que son château dont il avait
fait raser entièrement les fortifications.

Cependant Raoul entreprit, peu de tems après,
de rebâtir le château de Fougères, et refusa de prêter le serment de fidélité que Henri exigeait de tous
les seigneurs bretons. La guerre recommença
aussitôt entr'eux, et Raoul la fit d'abord avec
quelque succès; mais Henri rassemblant à son
tour, contre lui, des forces considérables, y mit
tant de promptitude et de secret, qu'il parut devant Fougères, avant que son ennemi eût eu le
tems de s'y mettre en défense.

Cependant Raoul qui perdait dans le château
de Fougères sa meilleure place de sûreté, avait
pris à l'avance des précautions contre une atta-
que imprévue. Il avait fait creuser dans un canton alors peu fréquenté de la forêt de Fougères,
des souterrains capables de contenir une grande
quantité d'effets. Il est probable qu'il avait fait
préparer aussi dans cette forêt, des parcs assez
vastes pour qu'on y pût rassembler de nombreux
troupeaux.

Surpris par l'approche inopinée des ennemis,
il crut avoir du moins le tems d'enfouir ses tré-
sors, et il ordonna à ses vassaux de faire conduire aussi vers la forêt, leurs troupeaux et leurs
effets les plus précieux; mais cet ordre fut donné
ou exécuté trop tard. Le convoi fut surpris en
route et attaqué par l'armée de Henri, qui s'en
empara et y fit un très-riche butin. Cela se passa

en l'année 1173, et voici comme Bertrand d'Argentré le raconte dans son Histoire de Bretagne.

« Le roi averti de ceci (des succès de Raoul),
» marcha soudainement et à l'impourvu, avec
» toutes ses forces devant Fougères, et à peu
» qu'il ne surprit Raoul de Fougères, lequel
» l'ayant découvert, se sauva à la fuite, et y fit,
» le roi Henri, un grand butin ; car ayant déli-
» béré ledit Fougères de soutenir, avait com-
» mandé à tous ses sujets d'apporter tous les
» meubles en la forêt de la ville, en laquelle il
» avait exprès fait faire de grandes voies sous
» terre pour retirer lesdits biens, lesquelles en-
» core aujourd'hui se voient en la forêt, et les
» appelle-t-on *les Celliers de Landéan*, les-
» quels traversent sous terre depuis la fin de la
» forêt jusqu'aux étangs de Fougères ; mais avant
» qu'ils pussent entrer dans les bois, ils furent
» surpris, meubles, munitions et bétail, et tout
» ravagé et pillé par le roi Henri, et perdirent
» tout les habitans. »

Dom Lobineau rapporte les mêmes faits, mais
ne fait point communiquer par sous terre les Celliers de Landéan avec la ville de Fougères, dont
ils sont distans de plus de sept kilomètres.

Les Celliers de Landéan subsistent encore, et
n'ont point changé de nom. Ils se trouvent dans
la forêt de Fougères, à environ 850 mètres en
deçà de l'église de Landéan, et à environ 45 mètres à l'ouest de la grande route de Fougères à

Caen. Ils s'annonçaient à l'extérieur, par les vestiges de deux rampes à moitié comblées, qui formaient entr'elles un angle droit, et se réunissaient
à un palier commun qui était voûté comme elles,
et d'où l'on descendait autrefois dans un souterrain. Mais la porte d'entrée étant elle-même com-
blée en très-grande partie, et de plus habituellement noyée presque jusqu'à la clef de son cintre, par les eaux dont le souterrain s'était rempli,
il était devenu fort difficile de pénétrer dans celui-
ci par cette voie.

On pouvait, au moyen d'une échelle, y descendre par un soupirail pratiqué verticalement
dans la partie supérieure de la voûte, et les pieds
trouvaient même où se poser à sec, parce qu'une
prodigieuse quantité de pierres et d'autres matières, ou entraînées par les eaux pluviales, ou je-
tées par des curieux, avaient, par succession de
tems, formé un petit îlot immédiatement au-dessous du soupirail; mais, débarqué sur cet îlot,
on ne voyait autour de soi, qu'une voûte noyée
jusque bien au-dessus de sa naissance, et l'on
ignorait par conséquent si au-dessous de l'eau
très-profonde, et des remblais dont on était envi-
ronné, il n'existait pas quelque communication
de ce lieu avec d'autres souterrains.

De vieilles traditions se perpétuaient cependant,
sans qu'il fût possible ni de les vérifier ni de les
démentir. On débitait toujours que des commu-
nications souterraines s'étendaient depuis là jus-

qu'à Fougères, ou même jusqu'à d'autres lieux encore plus éloignés.

Quelques personnes moins crédules affirmaient du moins, qu'au de-là du premier souterrain il en existait d'autres qui communiquaient avec lui par des portes de fer.

Désirant enfin savoir positivement à quoi m'en tenir là-dessus, j'ai entrepris d'épuiser l'eau contenue dans le souterrain. MM. de Parsy, conservateur, et Desalleuz, inspecteur des forêts impériales, se sont prêtés, d'une manière obligeante, à me donner pour cela les autorisations nécessaires.

Pour faciliter mon opération, j'ai commencé par chercher dans la forêt, au plus près possible, un point qui fût un peu inférieur, non pas au fond du souterrain, ce qui eut été trop difficile, mais du moins au niveau ordinaire des eaux dont il était rempli; et j'ai atteint ce point par une tranchée de plus de 100 mètres de longueur, dont la profondeur s'y réduisant à rien, était, près de la porte d'entrée du souterrain, de 4 mètres 40 centimètres (environ 13 pieds 6 pouces). J'ai fait déblayer ensuite une partie des terres qui encombraient la principale rampe; après quoi j'ai commencé à faire épuiser les eaux, en faisant usage pour cela de simples pelles de bois.

Entré dans le souterrain, j'en ai fait chercher le fond sous la masse épaisse de remblais dont il était par-tout recouvert, et je me suis sur-tout ap-

pliqué à reconnaître s'il n'existait pas quelqu'ouverture, si petite qu'elle fût, qui communiquât
au dehors; car j'étais moi-même prévenu de l'idée
que quelque conduit au moins avait été pratiqué,
dans le principe, pour l'évacuation des eaux pro-
venant des filtrations ou des pluies, et que le souterrain ne s'était enfin noyé, que parce que ce
conduit s'était trouvé obstrué.

Après avoir fait les recherches les plus exactes,
je puis maintenant donner pour certain, que le
souterrain ne communiquait à aucun autre, et
qu'aucun conduit n'avait même été pratiqué pour
l'écoulement des eaux.

Les seules précautions prises par les construc-
teurs, pour garantir le souterrain de l'humidité,
consistaient :

1.° Dans un puisard pratiqué à l'angle sud-
ouest du souterrain, et creusé dans le roc sur lequel toutes les fondations se trouvent établies. Ce
puisard étant de 1 mètre 30 centimètres (environ 4
pieds) plus bas que le fond du souterrain, à l'endroit où il est le plus bas lui-même, les eaux y af-
fluaient de toutes parts; mais il fallait les en extraire à bras d'hommes, soit au moyen d'une
pompe, soit par quelqu'autre procédé (1).

2.° Dans un plancher de 5,41 centimètres.

---

(1) A l'instant où l'on imprime ce Mémoire, le souterrain s'est déjà rempli d'eau à la même hauteur où il l'était
autrefois.

(ou environ 2 pouces) d'épaisseur, qui régnait
de niveau au dessus du fond un peu en pente du
souterrain. Il était porté par des poutres qui l'é-
taient elles-mêmes par des sommiers d'inégale
épaisseur, posés transversalement, de distance en
distance, sur le fond du souterrain.

Les madriers qui formaient ce plancher, étaient
de bois de chêne ou de châtaigner ; mais on n'en a
retrouvé que des lambeaux, le reste ayant probablement été enlevé à une époque déjà fort ancienne. Plusieurs poutres subsistent encore : elles
sont de bois de hêtre. Quelques sommiers seulement sont de bois de chêne. J'ai recueilli plusieurs
morceaux de chêne, de châtaignier et de hêtre.
Ceux de chêne et de châtaignier se sont trouvés
parfaitement sains, et imprégnés dans toute leur
masse d'une forte teinte de noir.

Les pièces de hêtre étaient pourries jusqu'à
quelques centimètres de profondeur ; mais le
cœur en était encore sain. Peut-être se fussent-
elles mieux conservées, si elles avaient été constamment sous l'eau ; mais il est probable qu'il
s'est écoulé plusieurs années avant qu'elles fussent
entièrement et pour toujours submergées. Tous
ces bois doivent avoir au moins 640 ans.

Le souterrain est un berceau en plein cintre,
qui a 15 mètres 8 centimètres (46 pieds 5 pouces)
de longueur, sur 6 mètres 31 centimètres (19 p.
5 pouces) de largeur, et 4 mètres 22 centimètres
(13 pieds) de hauteur, mesurés de la voûte au-
dessous du plancher.

Je ne détaillerai point ici les autres dimensions
de ce souterrain ni des escaliers qui y commu-
niquent, etc., parce que les dessins que je joins à
ce Mémoire, parleront aux yeux, sur cela, d'une
manière plus intelligible.

Ce que l'intérieur de ce souterrain présente de
plus extraordinaire, ce sont les contre-forts dont il
est fortifié de chaque côté, et qui, se continuant
en saillie tout autour de la voûte, y forment autant d'arcades qui lui semblent adhérentes, et ne
sont point cependant liées avec elle. Ces arcades
ou contre-forts sont en pierre de taille, tandis que
le reste de la voûte paraît avoir été construit en
moellons et en briques. Ces contre-forts sont certainement aussi anciens, pour le moins, que la
voûte, et n'ont pu y être appliqués après coup.
On a quelque peine à deviner le motif qui a pu
faire adopter un mode de construction dont il y
a peu d'exemples. Je croirais volontiers que ces
arcades en pierre de taille, ayant été établies d'a-
bord, ont servi ensuite comme de cintre pour
construire la voûte. Tout cet ouvrage ayant probablement été fait avec précipitation, on aura cru
peut-être trouver dans un semblable procédé,
quelqu'économie de tems.

La voûte, dans les intervalles que ces contre-
forts laissent entr'eux, a été revêtue d'un enduit
qui s'est parfaitement conservé. J'ai sur-tout remarqué avec quelque surprise, que les racines des
arbres, si puissamment attirées par l'eau, ne se
sont fait jour nulle part au travers de la maçonne-

·rie. De vieilles souches que l'on voit encore immédiatement au-dessus de la voûte, et qui s'y sont
peut-être déjà plusieurs fois renouvelées, attestent
que des arbres n'ont point cessé de croître dans
cette partie.

Les maçonneries de l'intérieur du souterrain
n'ont éprouvé ni altération ni dégradation. Il n'en
est pas de même de celles qui, se montrant davantage à l'extérieur, ont été plus en prise aux atta-
ques des hommes; je veux parler sur-tout des
voûtes qui couvraient les escaliers, le palier, etc. ,
ainsi que de leurs pied-droits. Ces maçonneries
ont été démolies en partie, et l'on a sur-tout fait
peu de grâce à celles qui pouvaient recéler quelques ferrures.

· J'ai sauvé quelques briques entières dans les
parties que l'on avait commencé à démolir. Ces
briques très-bien cuites et bien conservées, ont 3
décimètres (environ 11 pouces) de longueur ;
2,17 décimètres (8 pouces) de largeur, et 3,38
centimètres (15 lignes) d'épaisseur.

Après avoir exposé en quoi consistent les ouvrages que l'on connaît aujourd'hui sous le nom
de Celliers de Landéan, il ne sera peut-être pas
hors de propos, de soumettre à une courte discussion les trois questions suivantes :

1.ᵃ Ces ouvrages sont-ils bien ceux que l'Histoire a cités sous la même dénomination ?

2.° Quelle était leur véritable destination ?

3.ᵃ En quel tems ont-ils été construits ?

1.º *Les établissemens que nous venons de décrire, sont-ils bien ceux que l'Histoire a désignés par le nom de Celliers de Landéan?*

Il y a plus de deux cents ans que d'Argentré écrivait son Histoire de Bretagne; et c'était de son tems une opinion bien accréditée, que les Celliers de Landéan, tels que nous les connaissons encore aujourd'hui, avaient servi de cache pendant les guerres que Raoul II, seigneur de Fougères, avait eues à soutenir contre Henri II, roi d'Angleterre. Le trait d'histoire auquel cette tradition se rapporte, est certain. La tradition elle-même n'est contredite par aucune autre. Elle a pour elle toutes les vraisemblances; et si elle était rejetée, on se perdrait en vaines conjectures pour trouver une autre origine aux Celliers de Landéan. Tout annonce en eux une durée de plusieurs siècles, et il n'y a rien qui n'autorise à les reconnaître comme faisant tout au moins partie des caches dont parle l'Histoire. Un simple coup-d'œil jeté sur notre souterrain, sur les terres qui le surmontent, et principalement sur les escaliers qui servaient à y descendre, réfute complétement l'opinion de ceux qui voudraient regarder ce souterrain comme ayant servi de cave à quelqu'ancien édifice.

Mais, pourra-t-on dire, on ne retrouve dans la forêt de Fougères qu'un seul souterrain, et le nom de Celliers de Landéan en suppose plusieurs. Cette objection est faible par elle-même. La tradition populaire qui a consacré la dénomination de Celliers de Landéan, était fondée sur une con-

naissance trop imparfaite des lieux, pour qu'on
en puisse rien conclure de certain sur le nombre
des souterrains, d'ailleurs, les voûtes des escaliers
et de leur palier présentaient bien, à des regards
peu attentifs, l'apparence de plusieurs souterrains.

Il ne serait pas impossible, après tout, que plusieurs souterrains eussent été creusés, et peut-être
même en différens endroits de la forêt de Fougères ; et si l'on admet cette supposition, tout ce
qu'on en peut conclure, c'est que de ces souterrains on n'en connaît aujourd'hui qu'un seul,
les autres ayant probablement été détruits ou de-
meurant inconnus encore.

Au surplus, la dénomination de Celliers de Landéan convient parfaitement, sous le rapport de la
situation, aux établissemens que nous connaissons, puisqu'ils se trouvent dans la commune
de Landéan, et même à peu de distance de son
chef-lieu actuel.

Je ne crois donc pas que l'on puisse élever aucun doute raisonnable sur l'identité des Celliers
de Landéan, avec le tout ou au moins avec partie
des souterrains qui existaient en 1173. Passons à
la seconde question.

*2.° Quelle était la véritable destination des
Celliers de Landéan ?*

Quelques personnes se fondant sur ce que
Raoul II avait ordonné à ses vassaux de conduire
leurs troupeaux dans la forêt de Fougères, pensent

que ces troupeaux eux-mêmes devaient être renfermés dans les souterrains ; mais celui que nous
connaissons n'était nullement approprié à cet
usage, et n'avait pas non plus, à beaucoup près,
la capacité nécessaire. Il est donc bien probable
que des parcs avaient été préparés dans les parties
les plus fourrées de la forêt de Fougères pour y
cacher les troupeaux, et que les souterrains étaient
uniquement destinés à renfermer des meubles,
des matières ou marchandises précieuses, des armes ou munitions, des vases ou ornemens d'é-
glise, etc. Les deux escaliers qui communiquaient
au souterrain, ayant leurs pied-droits garnis, de
distance en distance, de saillies formant barrages,
et leurs premières entrées étant, selon toute apparence, fermées avec des portes ou avec des grilles
de fer, il était facile de les barricader par dedans ;
de manière à les rendre très-difficiles à forcer. Le
plus large et le plus direct de ces deux escaliers,
servait à introduire dans le souterrain les objets
qui avaient une certaine longueur ou un certain
volume, et il est probable qu'on en masquait ensuite soigneusement l'entrée. L'autre escalier, plus
étroit et plus sûr, ne devait être entièrement fermé et masqué qu'aux approches plus instantes du
danger. Il était d'ailleurs tellement disposé, que
son entrée, dans le cas où elle eut été aperçue,
n'aurait donné qu'une connaissance fort imparfaite de la vraie position du souterrain.

Le soupirail de la voûte procurait un moyen de
sortie à ceux qui avaient barricadé par dedans

les autres ouvertures. Il se fermait lui-même au moyen d'une trappe en pierre dont il était facile de masquer la position, en la recouvrant de terre et de gazon. Il eut été, dans tous les cas, très-difficile à ceux qui n'auraient pas connu cette trappe, de s'introduire dans le souterrain.

Mais, dira-t-on encore, un ouvrage aussi considérable n'avait pu s'exécuter sans que beaucoup de personnes en eussent connaissance. Ce ne pouvait donc être un secret. On peut répondre à cela, que si ce n'était point un secret pour les habitans du pays, c'en pouvait être un pour les ennemis du dehors, et ce secret était bien gardé, parce que tous ceux qui le savaient, avaient intérêt à ce qu'il ne fût pas divulgué. La cache était sûre contre l'étranger, parce qu'il l'ignorait ; elle était sûre aussi contre les entreprises clandestines de l'intérieur, parce que, comme il aurait fallu beaucoup de tems et de travail pour la forcer, la plus légère surveillance suffisait pour prévenir ce danger.

3.° *En quel tems les Celliers de Landéan ont-ils été construits?*

Ils existaient certainement en 1173 ; mais leur premier établissement ne remonte-t-il pas à une date plus ancienne encore ? Avant de répondre à cette question, je crois devoir rappeler que l'ancien château de Fougères, pris et démoli en 1166, avait été jusque-là, pour les seigneurs de Fougères, une place de sûreté. Il n'y a donc pas d'ap

parence qu'avant cette époque, ils eussent songé à
pratiquer des caches dans la forêt de Fougères. On
n'a dû recourir à un pareil moyen, qu'à l'instant
où d'autres moyens plus sûrs sont venus acciden-
tellement à manquer. Les Celliers de Landéan
n'existaient donc pas encore en 1166; et puisqu'ils
existaient en 1173, ils doivent avoir été construits
dans l'intervalle de sept ans, qui s'est écoulé entre
ces deux époques. C'est par conséquent Raoul II
lui même qui avait créé cet établissement, et
l'Histoire est fidelle à ce sujet. Raoul ayant en ce
même tems commencé à rebâtir le château de
Fougères, devait avoir un grand nombre d'ouvriers, de maçons sur-tout, à sa disposition.

La partie de la forêt où il fit construire son souterrain, était alors sans doute moins fréquentée
et moins connue qu'elle ne l'est aujourd'hui. Une
grande route ne la traversait pas, et il y avait même alors, peut-être, peu de moyens habituels de
communication entre les provinces de Bretagne et
de Normandie.

La forêt de Fougères s'étendait vers le nord,
au-delà des Celliers, plus qu'elle ne fait aujour-
d'hui. Les dénominations de la Barouge *du Désert*, de Louvigné *du Désert*, etc., que portent
encore de ce côté là plusieurs communes, annoncent que, dans ces anciens tems, leur territoire était
peu habité. L'église de Landéan, elle même, n'é-
tait pas encore bâtie, ou l'avait été dans un autre
emplacement. Quelques villages assez voisins des
Celliers, n'ont probablement été établis non plus
que long-tems après eux.

On sait cependant que dans le lieu qui conserve

encore le nom *du Châtel*, et qui n'est distant des Celliers que d'environ 600 mètres, il a existé un ancien château dont les seigneurs de Fougères se faisaient une maison de campagne ou un rendez-vous de chasse. Mais quoiqu'il ne fût pas contre toute vraisemblance que Raoul eût fait construire sa cache à peu de distance de ce château, je suis encore bien plus porté à croire qu'il ne fut bâti lui-même que quelque tems après les Celliers.

Concluons au moins de tout ceci, que les Celliers de Landéan ont été construits vers l'an 1170, par les ordres de Raoul, second du nom, seigneur de Fougères, qui n'ayant pas encore eu le tems de rebâtir entièrement son château de Fougères, désirait, en attendant, et dans le cas de quelqu'invasion subite, se procurer les moyens de cacher dans la forêt ses effets les plus précieux et ceux de ses vassaux. Il paraît que le premier essai qu'il fit de ce moyen ne fut pas heureux, et l'Histoire nous laisse ignorer si l'on y a eu recours depuis, en des circonstances semblables.

RALLIER.

Nota. Sans vouloir infirmer l'époque fixée par mon confrère, aux *Celliers de Landéan*, voici deux passages qui font connaître l'usage de ces souterrains et la haute antiquité de cet usage chez les Celtes :

« Les Bretons, dit Diodore de Sicile, liv. V, après avoir fait la récolte de leurs grains, séparent les épis d'avec la paille et les enferment, pour les conserver, dans des caves ou greniers souterrains. C'est-là, dit-on, que dans les tems les plus reculés, ils tiraient chaque jour une certaine quantité de ces épis, et qu'après en avoir fait sécher et broyé les grains, ils én formaient une espèce de nourriture qu'ils consommaient sur le champ. »

« Les Germains, dit Tacite, *de Mor. Germ.*, c. 16, sont dans l'usage de creuser des caves profondes qu'ils recouvrent de terre, où ils renferment des provisions et où ils demeurent dans l'hiver, pour se garantir du froid. » J'ajouterai qu'on voit encore dans les îles occidentales de l'Ecosse et dans la Cornouaille d'Angleterre, quelques-uns de ces greniers souterrains; que les *Mores* en font encore usage, et les appellent *matamores*; que les Thraces et les Cappadociens renfermaient aussi leurs bleds dans des fosses profondes; que Pline et Varron en font mention, et les nomment *siri*, du grec *siros*, fosse profonde destinée à mettre du bled et à l'y enfermer sous terre. — *Eloi Johanneau.*

SECONDE NOTICE

SUR LES VASES LACRYMATOIRES,

Par M. Alexandre LENOIR, administrateur du Musée
des Monumens français.

Si, chez les différens peuples, on remarque de
la variété dans la manière de rendre les derniers
devoirs aux morts, soit en les brûlant, soit en les
inhumant, presque par-tout il leur a été accordé
un tribut inspiré par le sentiment, celui des larmes. Les larmes, qu'on répand quelquefois
avec une sorte de volupté, qui sont à la fois le
signe et le soulagement de la douleur, qui paraissent n'être que le produit spontané d'une tendre ou douloureuse affection ; les larmes ont
pourtant été commandées dans les funérailles ;
elles sont même devenues *étiquette* chez plusieurs
peuples (1).

---

(1) Cet usage a non seulement existé chez les peuples anciens, mais existe encore chez des peuples sauvages de l'A-
frique.

« Lorsqu'un homme ou une femme meurt, dit l'auteur
de la *Description de la Nigritie*, on cherche d'abord les
femmes destinées à faire les *pleurs*. Ce sont des femmes
louées, qui, le plus souvent, ne connaissent pas le défunt.
Celles qui, dans cet emploi, marquent par leurs cris et leurs

F *

On ne conçoit pas aisément comment des femmes étrangères à une famille, et qui n'ont eu aucune relation avec un mort auquel ses parens décernent des honneurs funèbres, sont appelées pour exécuter une larmoyante pantomime, et comment, en effet, elles répandent des larmes. Cependant, personne ne peut révoquer en doute dans les funérailles des Romains, ni les cris, ni les larmes, ni toutes les marques de la douleur des femmes désignées chez eux sous le nom de *Prœficœ*. Que ces femmes aient réellement participé à la douleur communiquée par l'appareil lugubre de la cérémonie; qu'en em-

---

lamentations le plus de douleur, sont les plus recherchées; elles sont à la tête du convoi et de la famille, lorsque le défunt est conduit pour être mis en terre. La cérémonie lachevée, ces femmes reviennent en faisant des hurlemens à la porte de la case ou de la maison, et en présence de a femme qui vient de perdre son mari. Elles n'interrompent leurs pleurs et leurs cris que pour faire l'éloge du défunt et celui de la veuve; après quoi elles entrent dans la case pour recevoir les complimens de la famille et des assistans, de ce qu'elles ont bien joué leur rôle; et elles boivent autant d'eau de vie qu'on veut bien leur en donner. Ces pleurs durent au moins huit jours, pendant lesquels elles se rendent chaque jour, au soleil levant et au soleil couchant, autour du tombeau du défunt, où elles recommencent leurs lamentations, disant au défunt : Pourquoi es-tu mort? n'avais-tu pas des femmes, un cheval, des pipes et du tabac? Et cela finit toujours par un payement quelconque. »

Eloi Johanneau.

ployant certains stimulans, elles aient excité et fait épancher la liqueur lacrymale ; enfin, que elles aient eu recours à d'autres moyens : on a cru non seulement qu'elles versaient des larmes, mais encore qu'elles les recueillaient dans de petits vases appelés de-là *lacrymatoires*, parce qu'on en a trouvé et qu'on en trouve tous les jours dans des tombeaux antiques.

Cette opinion s'accrédita parmi les antiquaires. Dans presque toutes les Descriptions et dans presque tous les Catalogues de cabinets d'antiquités, ces vases sont nommés *vases lacrymatoires*. Quoiqu'une opinion reçue par le plus grand nombre, ne soit pas pour cela revêtue du caractère de la vérité, celle qui avait consacré la qualification de *vases lacrymatoires*, subsista long-tems sans contradiction, ce qui semblait devoir la fixer invariablement. Le comte de Caylus, en publiant quelques-uns de ces petits vases, dans les tomes I, II et IV de son Recueil, avait d'abord adopté lui-même l'opinion générale, et leur avait conservé le nom de *vases lacrymatoires*, sous lequel ils étaient connus. « On a si souvent, dit-il, décrit et rap» porté de ces sortes de vases, que je me crois » dispensé d'en rien dire davantage. » Mais au tome V de ce même Recueil d'antiquités , ayant eu encore occasion de parler de ces vases, le même auteur se rétracte : il se rend, dit-il, aux preuves que le père Pacciaudi a données. *On doit*, ajoute-t-il, *être convaincu que ces petits vases étaient remplis de parfums, et qu'on les renfermait avec les cendres dans les tombeaux.*

L'opinion de Pacciaudi était aussi celle de Bonada, de Schœfflin et de Passeri. La question ayant donc été discutée par des savans qui jouissaient d'une certaine autorité dans ce genre d'érudition, il paraissait fort inutile de reproduire cette opinion. Néanmoins, c'est ce qu'on a fait dans une Dissertation imprimée à Paris, en 1780.

Si nous examinons maintenant les argumens des adversaires des vases lacrymatoires, nous verrons qu'ils sont purement négatifs.

1.º *Les petites fioles*, disent-ils, *trouvées dans les tombeaux, n'ont point été destinées à recueillir des larmes, mais bien des parfums et des onguens liquides dont les Anciens arrosaient les ossemens brûlés. Si ces vases eussent été destinés à recueillir des larmes, il en serait fait mention dans les auteurs et sur les monumens.*

Il suffirait de rétorquer cet argument, et de dire : Ni les auteurs ni les monumens n'attestent qu'il ait été déposé dans les tombeaux, des vases à parfums ou contenant des onguens liquides : donc, ceux de l'espèce dont il s'agit, n'étaient point employés à cet usage.

2.º *La petitesse de ces vases*, continuent-ils, *prouve qu'ils ne pouvaient être destinés qu'à contenir des parfums; car on sait à quel prix se vendaient à Rome, les parfums de l'Orient.*

Il est vrai qu'en supposant qu'on eut rempli ces *vascula* du plus pur encens, cela n'aurait pas occasionné une très-grande dépense; mais aussi l'onction ou l'irrigation du *bûcher* ou des *cendres des morts*, qui devait s'ensuivre, n'aurait-elle pas été un peu illusoire?

3.º Les *lacrymatoires*, disent-ils encore, *étaient jetés dans le bûcher avec les baumes qu'ils contenaient.*

Mais on ne les avait donc pas vidés en arrosant les ossemens calcinés! D'ailleurs, eut-il été bien facile de retrouver entiers, au milieu des cendres du bûcher éteint, de petits vases extrêmement fragiles? Pourquoi, dirai-je encore, en rejetant l'usage des vases lacrymatoires pour recueillir les larmes, conserve-t-on néanmoins leur dénomination, en leur supposant un autre objet?

4.º *Enfin, les cuillers de bronze qu'on a trouvées dans les tombeaux, servaient vraisemblablement à distribuer dans plusieurs lacrymatoires, les baumes renfermés dans un plus grand vase, afin que plusieurs personnes placées aux angles du bûcher, pussent en répandre par-tout en même tems; de même que nous voyons Achille le pratiquer aux funérailles de Patrocle, invoquant le Zéphire et l'Aquilon, les suppliant d'augmenter, par leur souffle, la vivacité des flammes.*

Ici se reproduit le tableau de la dépense énorme qu'on suppose avoir été soigneusement évitée, en employant de petits vases pour la distribution des parfums. Qu'on dépense une pièce d'or en masse, ou qu'on dépense la monnaie de cette pièce, le résultat est le même et ne fait rien au fond de la question.

Il est certain que dans le passage dont on veut s'étayer, Achille ne fait point usage de *petits vases,* ni d'onguens, ni de parfums, ni de petites cuillers de bronze. J'ouvre Homère, et je lis au vingt-troisième livre de l'Iliade, qu'Achille plaça aux deux côtés du bûcher de Patrocle, des amphores remplies de miel et d'huile.

L'amphore, ainsi nommée de ce qu'elle avait deux anses, contenait, selon les uns, trente-six, et selon d'autres, quarante-huit septiers. On n'eut donc jamais la fantaisie de remplir de pareilles amphores de parfums d'Orient, pour en faire usage dans les funérailles.

Je ferai encore une réponse à la première objection des adversaires des vases lacrymatoires : elle pourra servir de réponse générale. Le silence des écrivains sur un fait, ne prouve point contre ce fait. Les anciens ont négligé beaucoup de petits détails en rendant compte de certains faits : nous les négligeons de même, quand nous ne les croyons pas d'une grande importance Il est fâcheux que les commentateurs qui ont voulu suppléer au récit de ces détails, aient donné carrière à leur imagination.

Aucun écrivain n'avait pensé à transmettre à la postérité le détail si curieux des cérémonies employées dans l'apothéose des Empereurs romains. Nous devons ce détail à Hérodien ; et lorsque Hérodien écrivait, il y avait près de trois cents ans que cette cérémonie assez ridicule était en usage.

Les anciens ne nous ont point instruit de toutes leurs cérémonies : je citerai pour exemple la formule *Sub Ascia dedicavit*. Quoique plusieurs antiquaires aient écrit sur cette formule, nous ne connaissons pas davantage l'objet ni l'usage de l'instrument *Ascia*, représenté sur une infinité de tombeaux.

Du reste, si les écrivains gardent le silence sur les vases lacrymatoires, les monumens parlent très - clairement. Le professeur Valentini rend compte de l'examen qu'il fit d'un petit vase antique, fermé hermétiquement lorsqu'on le trouva , et qui contenait une liqueur limpide , acidulée et un peu salée comme le sont les larmes ; ce qui fit conjecturer à ce savant, que ce vase était un vrai lacrymatoire. « Les Romains, dit Winckelmann, nous ont laissé des lacrymatoires sur lesquels on trouve l'empreinte de l'orbite d'un œil, et quelquefois de deux yeux. Fulvius Ursinus a fait dessiner quelques-uns de ces monumens, et on en peut voir les dessins dans la bibliothèque du Vatican. »

A cette indication précise sur l'usage des vases lacrymatoires, j'ajouterai la description d'un monument du Bas-Empire, dont le dessin est conservé dans la bibliothèque des Quatre-Nations.

Il eut fait tomber la plume des mains de Schœfflin, de Bonada, de Pacciaudi, de Passeri,
s'ils en eussent eu connaissance, lorsqu'ils vou-
lurent détruire l'opinion commune sur les vases
lacrymatoires.

Ce monument est un tombeau ou sarcophage en
pierre, représentant le convoi funèbre d'une jeune
fille. (Voyez la gravure de ce monument, et la
notice que nous avons données dans le Numéro
VIII des Mémoires de l'Académie, page 340).

Parmi les assistans qui composent le convoi,
on remarque une de ces femmes nommées *Prœficœ*, payées pour pleurer dans les funérailles :
elle a les cheveux épars; elle porte sur son visage
le caractère de la douleur, et elle tient de chaque main un petit vase de la forme de ceux que
l'on a toujours désignés sous le nom de *lacrymatoires*, en les élevant au-dessous de ses yeux,
comme pour en recueillir des larmes. A la manière
dont elle tient ces vases, entre le pouce et l'index,
on dirait que l'artiste aurait prévu qu'un jour il
devait s'élever une contestation sur les vases lacrymatoires, et qu'il eut voulu nous en faire connaître l'usage.

Quoique ce monument ne soit pas entier, il
est aisé néanmoins de s'apercevoir que la figure
qui suivait celle que je viens de décrire, était
une femme remplissant la même fonction : c'est
une *pleureuse;* et il est évident, par ce qui en
subsiste, qu'elle était vêtue comme la précédente;
la position de son bras gauche indique le même

mouvement et la même intention. Il ne reste
plus que la moitié de ce sarcophage ; on peut
le conclure de l'inscription qui, maintenant, est
placée à l'extrémité du côté droit, et qui se trouvait sans doute au milieu du monument lorsqu'il
était entier.

On voyait encore ce monument en 1786, dans
une maison contiguë à celle des Charitains de
Clermont, en Auvergne, où il a été dessiné. De
toutes les figures représentées sur ce fragment,
une seule n'a pas les pieds nus ; le costume des
différens personnages, est véritablement antique. Le caractère de douleur de la femme
voilée, qu'une autre femme paraît vouloir consoler, ne permet pas de méconnaître la mère
de la jeune Lucie, dont une autre femme porte
les cendres déposées dans une urne qui, par sa
forme, paraît devoir être placée perpendiculai-
rement en terre. Dans le groupe, une des figures porte un vase ; mais la figure qui, dans le
dernier groupe, tient de la main droite un petit
vase, fixe davantage l'attention, à cause de
ce vase dont la panse semble remplir la capacité de la main, et dont la partie supérieure,
quelle que soit sa destination, ressemble
assez à celle des vases lacrymatoires. La seconde figure de ce groupe est remarquable par la
douleur profonde dont elle semble accablée. Les
instrumens dont sont armées les deux figures qui
occupent le milieu de ce fragment, ne paraissent
désigner que les ouvriers employés à ouvrir la
terre qui doit recevoir l'urne funéraire, ainsi que
le coffret et les autres objets qu'on aurait voulu
y réunir.

Je pense donc qu'on ne peut plus douter, d'après ce monument, de l'usage des vases lacrymatoires; et que ceux qui auraient embrassé une opinion contraire à celle que je viens d'établir, ou plutôt de confirmer, reconnaîtront qu'il faut en revenir à l'opinion ancienne et générale.

Alexandre LENOIR.

Nota. Quelques observations qui me sont propres, sur l'usage des vases appelés *lacrymatoires*, m'engagent à joindre ici une note pour confirmer une opinion déjà si bien établie par mes deux savans confrères Lenoir et Grivaud, sur l'usage de ces vases. Voici ces observations : 1.° les petites fioles qu'on appelle *lacrymatoires* depuis un tems immémorial, ont exactement la forme d'une larme; et on a trouvé sur quelques-unes l'empreinte de l'orbite de l'œil, et quelquefois de deux yeux : donc elles servaient à recueillir les larmes des yeux; 2.° puisqu'il est certain, par les monumens et les passages des auteurs anciens , de *Festus* et de *Lucilius* sur-tout, qu'on louait des femmes pour répandre des larmes dans les funérailles, on devait donc les recueillir, puisqu'on payait pour en faire répandre; on devait donc ensuite les offrir aux morts, comme une libation qu'on leur faisait et un témoignage de la douleur que causait leur décès, témoignage qui devait leur être bien plus agréable que tous les parfums et les onguens qu'il etait d'usage d'ailleurs de brûler sur les bûchers, pour en faire exhaler les odeurs; 3.° on voit dans le monument funéraire de Clermont, dont toute la composition prouve l'antiquité, une femme qui tient sous chacun de ses deux yeux, deux petites fioles entièrement semblables à celles qu'on appelle *lacrymatoires*, et qu'on trouve dans les tombeaux et dans les urnes cinéraires : donc ces petites fioles servaient à recueillir les larmes des *Preficæ* ou des pleureuses payées pour en répandre; 4.° on y voit aussi une autre pleureuse qui tient une amphore placée sous son œil gauche; et on a trouvé à *Nasium*, en Italie et ailleurs, de ces petites fioles fichées par leur pointe dans des amphores : donc on les y *déposait* avec les cendres des défunts: donc c'est à cet usage que font allusion les mots *lacrymas posuit* ou *lacrymas posui*, qu'on trouve dans les inscriptions funéraires de Gruter et de Muratori; 5.° *Hesychius* donne le nom de *lybies* aux vases dans lesquels on renfermait les offrandes pour les morts, et qu'on déposait sur leurs tombeaux; et je trouve ailleurs qu'on appelait en grec, *loibeia* ou *loibides*, de petits vases avec lesquels on faisait des libations. Or, ces mots ont le même sens en grec que le nom de *lacrymatoires* en latin : donc les petits vases que nous appelons *lacrymatoires*, servaient à recueillir des larmes pour en faire des libations aux manes des morts : donc il faut en revenir à l'opinion ancienne et générale sur l'usage de ces vases, et abandonner celle qui prétend qu'ils servaient à contenir des onguens et des parfums. —— *Éloi Johanneau.*

NOTICE

Sur le lac de Grand-Lieu et la cité d'Her-
bauge ;

Par M. THOMAS DE SAINT-MARS, membre de
l'Académie celtique.

Le lac de Grand-Lieu est situé à deux lieues environ ouest-sud-ouest de Nantes. Sa figure est
celle d'un trapèze. Il a 7 lieues environ de tour, et
de 15 à 16 lieues, en suivant toutes les sinuosités
de ses rives. Les deux petites rivières du *Lognon* et
de la *Boulogne* y ont leurs embouchures: La première prend sa source dans la paroisse de *la Grole*
ou dans celle de *Saint-André-de-Treize-Voix*
qui lui est limitrophe, près Montaigu ; la seconde,
dans la paroisse de *Boulogne*, près *Chauché*, en
Bas-Poitou. Le lac se décharge dans la Loire, vis-
à-vis *Cordemais*, par la petite rivière du *Tenu* ,
qui reçoit presqu'au sortir du lac celle de l'*Ogne*,
qui prend sa source dans la paroisse de *la Marne*,
près *Machecoul.*

Ce lac est très-poissonneux, et il n'est pas rare
d'y pêcher des carpes et des brochets de 30 à 40 livres. Il est peu profond dans certains endroits ;
dans d'autres, il a été impossible d'en trouver le
fond. Quoiqu'il ne soit pas sujet aux flux et reflux,

il arrive quelquefois cependant, que, sans cause apparente, ses eaux éprouvent une agitation extraordinaire. De fortes vagues viennent inonder la plage auparavant à sec. Des bateaux, en traversant cette petite mer, ont quelquefois péri par l'effet de ces tempêtes, qui sont presque toujours le pronostic de grands vents. Ce pronostic se réalise ordinairement dans les trois jours.

Ce lac appartenait, avant la révolution, à M. le marquis de Juigné, frère de l'ancien archevêque de Paris. Il y avait haute, moyenne et basse justice. Le tribunal siégeait dans un bateau, à 200 pas du rivage. Lorsque le juge prononçait une sentence, il devait, de son pied droit, toucher l'eau du lac.

A la pointe orientale du lac, et à 7 ou 800 toises de sa rive, se trouve une petite île sablonneuse, de figure à peu près ronde, et de 5 à 600 pas de diamètre ; elle se nomme l'île d'*Un*. Il y a au milieu une *pierre debout*, d'environ 5 pieds de hauteur, sur 2 à 3 pieds de largeur à sa base. Cette pierre paraît profondément enfoncée en terre, et est percée d'un trou rond, de 6 pouces de diamètre, à environ deux pieds du sol. Elle sert, suivant une vieille tradition, à boucher l'entrée du gouffre qui a vomi l'eau du lac. Ce gouffre renferme un géant énorme, qui, par les efforts qu'il fait pour se délivrer de sa prison, excite ces tempêtes (1) dont je viens de parler. Ce géant doit

_____

(1) Cette fable d'un géant qui réside dans l'île d'*Un*, c'est-

rester renfermé jusqu'à ce qu'une jeune fille vierge, *non cognita viro*, disait un très-ancien et

---

à-dire du Sommeil, et qui excite des tempêtes, est absolument la même que celle que j'ai rapportée dans ma Dissertation de la *Situation du Paradis des Gaulois* (Voyez page 137 à 140 du tome III de ces Mémoires), d'après Plutarque, d'un géant qui résidait dans une île consacrée au sommeil, sur la côte de la Bretagne, où il gardait un dieu enchaîné et endormi. Il est extrêmement curieux d'entendre encore le peuple d'un canton de la France, raconter une tradition ou plutôt une croyance fabuleuse rapportée par Plutarque ; de voir encore, presque de nos jours, un tribunal siéger dans une barque sur le bord d'un lac, lorsque l'on sait par les auteurs anciens, que les habitans de la Bretagne continentale étaient chargés de passer les ames, dans une barque, sur la côte opposée de la Bretagne insulaire ; et que les Egyptiens jugeaient les morts sur le bord d'un lac, avant de les transporter, dans une barque, sur l'autre rive. Il est également très-curieux de voir que les noms de lieux sont en rapport avec ces usages, ces fables et ces croyances. Je l'ai déjà prouvé dans la Dissertation que je viens de citer ; en voici une nouvelle preuve pour les noms de lieux mentionnés dans la Notice de M. Thomas.

1.° Le nom du lac de *Grand-Lieu* signifie le grand lac, étant composé du français *grand*, et du celtique *louc'h*, lac. 2.° Les noms des rivières du *Lognon*, de *l'Ogne* et de la *Boulogne*, ayant *aöun* ou *aon*, peur, frayeur, pour radical commun en celtique, signifient, les deux premiers, les rivières de la peur ; le troisième, la rivière du gouffre de la peur, ce nom étant de plus composé du mot celtique *poul*, fosse ou gouffre. Ce lac et ces trois rivières étaient donc, dans notre mythologie ancienne, le lac Averne, les rivières du Styx et de l'Achéron. 3.° Le nom de l'île d'*Un*, ou plutôt d'*Hun*, signifie l'île du Sommeil, du celtique *Hun*, sommeil. C'est presque le même nom que celui très-curieux manuscrit (1), puisse enlever cette pierre. Elle devra, pour cela, passer le bras gauche dans le trou de la pierre, et tenir de la droite une ceinture bénie, à laquelle sera pratiqué un nœud coulant qu'elle tâchera de passer au cou du géant, qui, ainsi lié, deviendra souple, et qui plus est, un très-fervent chrétien. Alors, plus de tempêtes à craindre. Aucune fille, que je sache, ne s'est encore présentée pour tenter la délivrance du géant. Près de la pierre qui clôt sa prison, se voit le tronc d'un vieil arbre qui paraît avoir été un vieux chêne. Ce géant était l'antagoniste de Saint Martin, et détruisait tout le fruit de ses prédications dans la cité d'Herbauge.

Vers la pointe méridionale du lac, est une autre île plantée de quelques peupliers. Cette île paraît être une pointe détachée du continent par une tranchée.

---

de l'île de Bretagne, appelée *Seizun*, c'est-à-dire l'île des Sept-Sommeils ou des Sept-Dormans, sans doute d'après la croyance où étaient nos ancêtres, qu'il y résidait un ou plusieurs géans endormis. Voilà donc une nouvelle preuve que les traditions populaires, même fabuleuses, c'est-à-dire religieuses, et elles le sont toutes, que les usages antiques de nos campagnes, dédaignés par des littérateurs frivoles qui méprisent tout ce qui n'est pas grec et latin, peuvent, avec les noms de lieux expliqués par la langue originale, suppléer au silence de l'Histoire sur nos origines. *Eloi Johanneau.*

(1) Il a été perdu dans les troubles de la révolution; il était, autant que je puis me le rappeler, de 1022.

La plage, du côté du nord, est sablonneuse et stérile. Des trois autres côtés sont d'immenses marais servant de pâturages aux bestiaux des communes environnantes. Les habitans du pays trouvent leur bois de chauffage dans ces marais ; ils vont armés de sondes de fer, de 5 à 6 pieds de longueur ; ils sondent le terrain, et lorsqu'ils éprouvent de la résistance, ils creusent et retirent des arbres entiers qui faisaient autrefois partie de la forêt que ces marais ont remplacée.

Après avoir décrit la topographie du lac de Grand-Lieu, je dois parler de l'événement miraculeux auquel il doit son origine.

Lors de l'invasion des Gaules par Jules-César, la ville de Nantes fut, d'après la tradition du pays, en proie à une dévastation presque totale. Une grande partie des habitans s'enfuit de cette ville désolée, et se réfugia dans la forêt de *Vertave* (1), suivant la chronique de Saint-Martin, et de *Men* (2), suivant Dom Maurice. Les réfugiés choisirent dans cette forêt un endroit marécageux ; ils abattirent une grande quantité d'arbres, dont ils se firent un rempart contre les incursions de l'ennemi, et finirent par y construire une ville à laquelle ils donnèrent le nom d'*Herbauge*,

(1) Du celtique ber tav, ruisseau du silence ou de la paix. E. J.

(2) Du celtique *men*, la pierre. Celle sans doute de la femme changée en statue de pierre, comme on le voit plus bas. — E. J.

en latin *herbadilla*. Dom Maurice dit que le nom d'*herbadilla* vient du mot *herba*, parce que les marais où cette ville était située, étaient pleins d'herbes. Le fait sur lequel repose cette étymologie est vrai ; mais je doute qu'il soit entré pour rien dans les motifs qui ont déterminé les Nantais réfugiés, à donner à leur nouvelle patrie le nom d'*herbadilla*. La langue dans laquelle *herba* signifie herbe, était la langue des Romains, et je crois qu'on peut être fondé à douter, malgré l'autorité de Dom Maurice, que la colonie nantaise ait choisi son nom dans la langue des dévastateurs de Nantes. J'avoue mon insuffisance pour appuyer mon doute par une étymologie plus plausible ; mais je sais que notre savant secrétaire perpétuel n'adopte pas cette étymologie, et qu'il se propose de dévoiler la signification mystérieuse du nom d'*Herbauge*, ainsi que de ceux de *Mauges* et de *Tiffauges*.

La ville d'Herbauge, dans laquelle les réfugiés avaient porté toutes leurs richesses, rivalisa bientôt, sous le rapport du commerce, avec Nantes, qui ne tarda pas à renaître de ses cendres. La Loire servait également à ces deux villes, de moyen de communication avec les côtes de la Manche et celles de l'Océan. Les réfugiés avaient conservé dans leur retraite, le culte religieux qu'ils tenaient de leurs pères. C'était, suivant Bollandus, le polythéisme ; c'était le druidisme pur, suivant d'autres.

La religion chrétienne était depuis long-tems

connue dans les Gaules, et les habitans d'Herbauge n'en soupçonnaient pas l'existence. Tous
les prédicateurs s'arrêtaient à Nantes où était le
siége épiscopal, et il ne s'en était encore trouvé
aucun dont le zèle fût assez ardent, pour le déterminer à venir prêcher l'Evangile dans les marais de la forêt de *Vertave.* Saint Martin parut,
et cet archidiacre de Saint Félix, 4.ᵉ ou 5.ᵉ évêque
de Nantes, tenta la conversion des habitans d'Herbauge. Il était d'une des meilleures familles de
Nantes, et naquit en 527. Vers l'an 554 il com-
mença sa prédication : ses succès ne furent pas
nombreux ; un seul habitant d'Herbauge, nommé
Romain, fut converti par lui. Ce Romain avait
une femme, jeune et jolie, qui devint aussi la
prosélyte du missionnaire Martin, et ce fut chez
eux que ce dernier choisit son domicile.

Désespéré de l'incrédulité des habitans d'Herbauge, et de l'inutilité de ses prédications, le
saint Apôtre se plaignit à Dieu, et Dieu vengea
son serviteur. Voici les détails que les chroniques
et la tradition nous ont conservés de ce mémorable événement.

Une nuit, c'était celle de Noël de l'an 555, que
St. Martin, excédé des fatigues de l'apostolat, s'était
profondément endormi ; il fut réveillé par un ange
qui lui dit : que Dieu avait entendu ses justes
plaintes contre le peuple d'Herbauge ; que sa pa-
tience était à bout, et qu'il allait tirer de son incrédulité une vengeance éclatante. Il le prévint,
en conséquence, de quitter, dès le jour suivant

G *

avec son hôte *Romain* et son épouse , cette cité impie · sur laquelle allait s'étendre là main vengeresse de l'Eternel. Il lui intima aussi, de la part de Dieu , la défense de regarder derrière lui , en sortant de ces murs proscrits.

Le saint prédicateur ne se fait pas répéter l'ordre du Très-Haut. Il s'empresse de réveiller *Romain* et son épouse, leur fait part de la vision qu'il vient d'avoir, et de la défense de l'ange, et au point du jour ils s'acheminent tous les trois vers Nantes. A peine ils étaient sortis de l'enceinte d'Herbauge, qu'un bruit épouvantable se fait entendre. Saint Martin et Romain, scrupuleux observateurs des ordres de Dieu, continuent leur route sans tourner la tête ; mais l'épouse de ce dernier, aussi curieuse que celle de Loth, voulut connaître la cause de cet horrible fracas : elle est sur le champ convertie en une statue de pierre. Cette prétendue statue existe encore. Je l'ai vue (1). De loin elle a l'apparence d'une vieille, couverte d'un voile et revêtue d'habits grossiers ; de près, c'est tout simplement une pierre debout, informe, et sans aucune apparence de traits humains. Elle est située dans la paroisse du Pont-Saint-Martin, à 150 ou 200 toises du lac. On la nomme dans le pays, *la Vieille de Saint-Martin.*

Saint Martin lui-même manqua d'être la victime de son zèle. Il quittait à regret des hommes

---

(1) En 1780, 82 et 87.

qui, peut-être, à la fin, auraient été amenés à la croyance d'un Dieu crucifié. Il imputait à l'insuffisance de ses moyens, le peu de succès de ses prédications; il se reprochait les plaintes qu'il avait faites; peut-être, intérieurement, blâmait-il un peu la promptitude et la sévérité du jugement de Dieu. Il s'éloignait à pas lents. Les eaux qui sortaient avec abondance des entrailles de la terre, et qui venaient d'abymer la ville, l'obligèrent à hâter sa marche. Il était un peu tard; déjà l'eau lui baignait les genoux.... Il n'osa s'adresser à Dieu dans cette pressante conjoncture, *ad iratum Deum clamare timuit*, dit sa légende; mais il ne fit pas difficulté de demander au diable le service important dont il avait besoin pour se tirer d'affaire. Ses ordres sont donnés, et aussitôt il se trouve sur un pont qui conduit à la terre ferme. Saint Martin et son compagnon échappent ainsi à l'inondation, et ont bientôt, sains et saufs, gagné la ville de Nantes.

Ce pont qui existe encore aujourd'hui, au moins en partie, a porté long-tems le nom de *Pont du Diable*; il se nomme aujourd'hui le *Pont-Saint-Martin*. On croit qu'il a donné le nom à la paroisse qui a été bâtie à quelque distance, sous l'invocation du même-Saint. Mais il est plus probable que c'est au pont construit sur la petite rivière de Lognon, que cette paroisse doit son nom. Quoi qu'il en soit, le Pont du Diable consistait, en 1788, en 7 pierres plantées de champ. Ces pierres avaient 8 pieds de hauteur, 2 pieds d'épaisseur, et étaient

de largeur inégale ; elles servaient de support à
d'autres pierres de 3 à 4 pieds de large, sur 7 à 8 de
long. Le terrain qui se trouve sous ce pont, est maintenant à sec ; son éloignement du lac et l'inutilité
dont il est, puisqu'il ne conduit à aucun endroit,
peuvent faire croire qu'il a été autrefois plus étendu, et que les pierres qui servaient à le prolonger
jusqu'au lac, ont été enlevées pour la construction de quelques-unes des maisons qui bordent la
rive.

La ressemblance qui existe entre l'origine du
lac de Grand-Lieu et celle du lac Asphaltite, entre
Herbauge et Sodôme, la femme de Romain et
celle de Loth, est bien remarquable ; mais revenons à Saint Martin. Désespéré d'avoir été, par
ses plaintes, la cause de la mort de tant de mal-
heureux, il se punit par un exil volontaire. Il
revint cependant quinze ans après dans le pays,
et bâtit, dans l'endroit le plus reculé de la forêt
qui entourait la ville détruite d'Herbauge, un
monastère sous le nom de *Vertou* ou *Vretrou*, du
nom de la forêt de *Vertave*, suivant la chronique.

Herbauge, suivant les actes de Saint Martin,
était fort riche. Outre son commerce particulier,
elle avait le dépôt de toutes les marchandises pro-
venant du commerce maritime que les nantais
faisaient par la Loire.

Lors de l'anéantissement de cette ville, un seul
endroit fut préservé, non qu'il fût habité par des
hommes plus vertueux ; mais construit sur une
hauteur, l'inondation ne put y atteindre. C'est

dans ce village, qui conserva long-tems le nom d'*Herbauge*, et qui s'appelle maintenant *Grand-Lieu*, que naquit, quarante ans après la catastrophe, Saint Amand, évêque de Maëstricht. On voyait encore à cette époque, dit Bollandus, les toits de quelques maisons de l'ancienne cité.

Pour faire cadrer avec la date de l'inondation d'Herbauge, celle du fait historique suivant (1), il faut nécessairement que le petit village de *Grand-Lieu* soit devenu, par la suite, une ville assez considérable; car, en 843, les Normands, dit la chronique, dépouillèrent de toutes leurs richesses les villes et châteaux de *Mauges, Metallica regio; de Tiffauges, Theofalgia*, et d'*Herbauge, herbatilicum.* Ils embarquèrent le produit de leurs prises sur la Loire, et le portèrent dans l'île *Hério*, maintenant Noirmoutiers. Mais à la vue de tant de richesses exposées sur le rivage, leur amour de l'argent se manifesta avec violence, et sans égard pour les ordres de leurs chefs, ils se jetèrent dessus. Il s'éleva une sédition, et Dieu permit qu'ils s'entretuassent. Le petit nombre de ceux qui échappèrent, s'embarqua pour retourner dans son pays; mais les vents contraires contraignirent ces pirates à relâcher chez les Galliciens, peuples d'Espagne, qui les repoussèrent et les tuèrent en grande partie. Ceux qui purent échapper à ce

______

(1) Ce fait est consigné dans une Chronique manuscrite, conservée dans la cathédrale de Nantes.

carnage, se sauvèrent à Bordeaux, avec 30 vais-
seaux qui leur restèrent de 80 qu'ils avaient. Les
captifs laissés par eux dans l'île de *Herio*, en sortirent, *mare retracto* (ce qui prouve qu'alors
l'île de Noirmoutiers était, à bien peu de chose
près, ce qu'elle est aujourd'hui, accessible à pied
sec dans les basses marées, par la pointe de la
Barre), et vinrent à Nantes, qu'ils trouvèrent
dans la consternation et sans gouverneur. Ils se
rendirent au temple qu'avaient profané les Normands, et engagèrent *Suzannus*, évêque de
Vannes, à venir le rebénir.

En 847, suivant Dom Maurice, Lambert, comte
de Nantes, auquel le départ des Normands avait
rendu la tranquillité, donna à son neveu *Gauférius*
le pays d'Herbauge, qui paraît être devenu depuis
le pays de Retz, qui a pour capitale Machecoul,
dont la fondation date de cette époque. Il donna
à *Reinier* le pays de *Mauges*, qui a conservé son
nom, et occupe la rive gauche de la Loire, depuis Nantes jusqu'en Anjou. *Tiffauges*, qui se
trouve un peu plus avant du côté du Poitou,
échut à *Girard*.

Les marais du lac de *Grand-Lieu* sont, suivant les habitans du pays, peuplés de farfadets.
Les voyageurs qui s'y égarent pendant la nuit,
doivent être assez prudens pour ne pas suivre
les lumières trompeuses que leur présentent ces
malins esprits, pour les entraîner dans des fon-
drières, et rire ensuite de leur mésaventure.

Les *loups-garoux* y sont fréquens aussi, sur-

tout dans le tems des vendanges. Il est peu de
villageois qui n'ait à raconter quelques combats
avec ces êtres malfaisans.

On dit dans le pays, que tous les ans, dans
la nuit de Noël, on entend sonner les cloches
d'Herbauge, au milieu du lac. Quelques personnes qui ne s'étaient probablement pas donné
la peine d'approfondir d'où provenait ce son,
m'ayant assuré l'avoir entendu plusieurs fois,
je voulus être témoin moi-même de ce phéno-
mène. Malgré tout mon amour pour le merveil-
leux, pardonnable peut être à l'âge où je fis
cette épreuve, je portai dans cet examen assez
de sang-froid pour n'être pas la dupe de la
première impression de mes sens. A onze heures du soir, dans la nuit de Noël 1780, je me
rendis sur le bord des marais. Une demi-heure
après mon arrivée, j'entendis très-distincte-
ment le son des cloches. Ce son paraissait,
comme on me l'avait dit, sortir du lac. Je ne
pouvais croire qu'il fût produit par des cloches
ensevelies sous l'eau depuis plus de 1200 ans,
en supposant même, ce qui n'était pas suppo-
sable, qu'il y eut des cloches à Herbauge. Je
cherchai, en prenant différentes positions, à
détruire cette illusion d'acoustique, et je réussis
à me convaincre que ce son n'était autre que
celui des cloches de la cathédrale de Nantes,
qui, dans le silence de la nuit, traversait les
airs, sans obstacle, au-dessus du lac. Je fis part

de ma découverte , que j'ai eu depuis , plusieurs fois, l'occasion de confirmer, non seulement dans la nuit de Noël, mais tous les jours de grande fête. Ce fut en vain ; mes crédules compatriotes n'en sont pas moins persuadés, que ce son était celui des cloches d'Herbauge.

THOMAS DE SAINT-MARS.

CORRESPONDANCE
DE L'ACADÉMIE CELTIQUE.

EXTRAIT *d'une lettre de* M. VAIDY, *médecin,*
à M. ELOI JOHANNEAU.

Samer, 29 Avril 1805.

LE village de *Questreque*, dont mon hôtesse
possédait autrefois le château, doit, dit-on, son
origine à une armée romaine qui campa dans
cette contrée, sous le commandement de Caïus :
d'où le nom latin de ce village, *castrum Caii.*
Non loin de là on a trouvé, en fouillant un terrain, des casques et autres objets d'antiquité. A
une lieue de Questreque, dans une commune
appelée les *Tombelles*, on a découvert des squelettes ayant les bras croisés par-dessus la tête,
différence notable des cadavres des anciens chré-
tiens, dont les mains étaient jointes sur la poitrine : ces ossemens, conservés dans l'intégrité du
squelette, étaient recouverts de pierres et ensuite
de terre. Les pierres avaient contracté beaucoup
d'adhérence ensemble, et formaient une petite
voûte qui ne touchait plus immédiatement les
cadavres desséchés. Les os retirés des tombelles
étaient très-cassans et presque friables.

Voilà le peu que j'ai appris sur la partie historique.

Pour la partie druidique, je n'ai rien à ajouter
à ce que vous aurez lu dans ma lettre à M. C.

Vous y avez vu qu'auprès de Questreque, les fées viennent souvent la nuit danser en rond , et que l'herbe , dans le cercle qu'elles ont foulé, est plus épaisse et plus garnie de fleurs. Le domestique de Mme de Questreque a vu un loup-garou ; un de ses amis a été promené pendant six heures par un follet. Tous les bergers de ce pays-ci sont sorciers , et l'on n'oserait passer à côté d'eux sans les saluer.   VAIDY.

Lettre du même au même.

Samer , 4 Juin 1805.

ENFIN , mon cher ami , je suis allé visiter les *Tombelles*, guidé par une paysane qui m'a dit, sans que je le lui demandasse, que ce lieu était le *cimetière* d'une armée étrangère qui avait occupé les environs de Questreque, *il y a bien long-tems*. Cette ancienne sépulture est aujourd'hui un petit terrain communal, situé à une demi-lieue sud de Samer , et trois-quarts de lieue sud-ouest de Questreque, dans une plaine aride, au pied du mont de *Blanque-Jument*. Dans un coin de cette commune est une élévation, un petit tertre d'environ 6 pieds de haut sur 30 pieds de diamètre. M. Degars , propriétaire du château de Questreque , homme très - versé dans la partie *morale* des connaissances humaines , en a fait retirer, il y a une douzaine d'années , des squelettes ou portions de squelettes, d'après lesquels je vous ai donné les premiers renseignemens. Il n'y a trouvé ni armures , ni aucun reste d'ornemens ou de vêtemens. Je n'y ai point fait faire de fouilles, parce qu'il faudrait plusieurs journées de manœuvre, et que les résultats présumés ne m'indemniseraient pas de mes frais, et sur-tout de la perte de mon tems.

Le mont de *Blanque-Jument*, suivant la tradition des habitans de Samer, est ainsi nommé, parce qu'on voyait autrefois sur son sommet une jument blanche, d'une beauté parfaite, qui n'appartenait à aucun maître, et qui s'approchait familièrement des passans et leur présentait sa croupe à monter. Tous les gens sages se gardèrent bien de céder à une pareille séduction. Mais un incrédule ayant eu, un jour, la témérité de monter la blanque-jument, il fut aussitôt terrassé et écrasé. Depuis ce tems, la jument ou plutôt l'esprit qui avait pris cette forme, n'a plus reparu.

Il y a, dans les environs de Samer, une espèce d'*esprits* dont je n'avais jamais entendu parler, connus sous le nom de *Criards*. Ces esprits appellent les passans pendant les nuits obscures, et si quelqu'un répond, ils le traînent par les cheveux et l'assomment. On est très-heureux d'en être quitte pour des contusions et quelques poignées de cheveux arrachés.

J'ai bu à Wierres de l'eau merveilleuse d'une fontaine consacrée par un miracle dont le récit a souvent fait frissonner beaucoup de femmes du Boulonais. Saint Gengoult, nommé par les paysans Saint Gandouf, était un des plus grands guerriers des premiers siècles de la monarchie. Après une absence de plusieurs années , il revint dans son manoir et demanda à sa femme si elle n'avait point souillé le lit conjugal. Celle-ci donna sa parole *d'honnête femme*, qu'elle était restée chaste de corps et d'esprit. Puisque c'est ainsi , répondit le chevalier , plongez votre bras dans cette fontaine. Mais, ô miracle effrayant ! le bras fut aussitôt consumé et décela ainsi, l'adultère.

Revenons à nos topographies et aux étymologies qui doivent en dériver. Questreque est sur le penchant d'un monticule qui mérite à peine ce nom dans une contrée coupée de hautes montagnes. On m'a donné pour garant de l'étymologie *Castrum Caii*, le nom du camp Delbarre et de plusieurs autres camps ainsi nommés, situés aux environs de Questreque. Cela ne me paraît point concluant. Les Picards disent *camp* pour *champ*, *vaque* pour *vache*, etc. Je reviens donc volontiers à l'origine celtique.

Je ne conçois rien à l'étymologie de Samer (*Sylviacum*). Ce bourg est à trois lieues de la mer. C'est pourquoi je ne pense pas que sa finale indique rien de maritime. Un ex-oratorien m'a dit que Saint Wulmer était le fondateur de Samer auquel il avait donné son nom; qu'on abrégea ensuite ce nom en disant Saint-Mer ; et qu'enfin on avait dit *Sammer*, *Samer*, au lieu de *Saint-Mer*. Je vous expose les faits, les traditions et les croyances; je vous laisse le soin de prononcer.

V.AIDY.

EXTRAIT

D'une Lettre de M. Le Rouge, *membre de l'Académie celtique, à* M. Eloi Johanneau, *sur le Dragon de Lyon.*

On fait remarquer aux étrangers qui visitent L'Hôtel-Dieu de Lyon, un crocodille empaillé qui est suspendu à une voûte de cet hôpital, et on leur raconte l'histoire suivante, d'après la tradition populaire :

Un crocodille avait fixé sa demeure sous une des arches d'un pont de pierre établi sur le Rhône; il nuisait à la navigation de ce fleuve, en faisant chavirer toutes les barques, et jetait l'épouvante parmi les mariniers. Il désolait également les campagnes voisines, en dévorant les enfans et les femmes. Personne n'osait l'attaquer, lorsqu'un jour le tribunal de Lyon ayant condamné un criminel à la mort, on lui proposa de tenter de détruire ce monstre, et on lui promit sa grâce s'il réussissait à le faire périr. Le criminel accepta l'offre, pourvu qu'on lui procurât les moyens nécessaires à son entreprise. On profita de l'absence du crocodille, pour construire dans le voisinage de sa retraite une espèce de tonneau percé de plusieurs trous, dans lequel le criminel fut placé avec différentes armes. L'animal, en passant devant ce petit arsenal, fut frappé de plusieurs coups, et expira après avoir perdu son sang.

Le Rouge

Lettre de M. Lecauchois, *conservateur des eaux et forêts, à Orléans, et membre de l'Académie celtique,* à M. Eloi Johanneau, *secrétaire perpétuel de cette Académie.*

Blois, 3 Novembre 1807.

Je vous envoie, Monsieur, ainsi que je vous l'ai promis à Amboise, une note sur les monticules qui se trouvent dans la partie orientale de la forêt d'Orléans. Il paraît qu'il ne s'est conservé aucune tradition sur l'objet et la création de ces mottes. Mes affaires ne m'ont pas permis d'aller les reconnaître moi-même; mais le sous-inspecteur qui s'en est chargé, pouvait le faire avec intelligence.

Il en existe deux dans la sous-inspection de Fleury. La première, appelée *Butte Mongrolle,* a 6 à 7 mètres de hauteur, et 20 au moins de diamètre; elle est située dans le milieu du bois, et parfaitement plantée. La tradition est muette sur son compte.

La seconde, hors la forêt, sur la commune de Bougy, s'appelle *la Motte du Jarry;* elle a 8 à 9 mètres de hauteur : on y monte avec peine; par conséquent son diamètre est peu étendu. C'est une motte tombée de la hotte de Gargantua. Voilà tout ce qu'on en dit.

Je regrette beaucoup, Monsieur, de n'avoir aucuns renseignemens plus positifs à vous donner sur l'objet de vos recherches; mais si vous prévoyez

que je puisse vous être bon à quelque chose, dis-
posez de moi.

J'ai l'honneur d'être, etc.

ETAT *des Monticules qui existent dans la sous-
inspection de Lorris, septième conservation
des eaux et forêts.*

CLIMATS.	NUMÉROS du PLAN.	CONTOUR.	HAUTEUR.	
		m.	m.	c.
Ravoir.	84	70	2	3o
Id.	114	70	2	6o
Id.	115	92	3	»
Id.	115	96	2	2
Id.	76	62	3	»
Hullier.	93	58	2	»
Chappe.	122	80	2	»
Id.	123	100	3	5o
Id.	123	100	3	5o
Id.	124	120	5	»
Sur les vagues, près les Bor-des, aux Petites-Brosses. . . .		70	2	»

Les gardes n'ont pu découvrir l'origine de ces monticules, et les riverains ne leur ont donné aucune observation
ni tradition à ce sujet ; mais il paraît que ces monticules ont
été faites de mains d'hommes, d'après les différens lits de
terre qui ne se seront pas amassés d'eux-mêmes.

Acad. celt. Tome 5.   H

BIBLIOTHEQUE CELTIQUE,

Ou Extrait des Ouvrages anciens et nouveaux, relatifs aux Langues et aux Antiquités celtiques.

Grammatik der slavischen sprache in krain, kaernten und steyermark...... Grammaire du dialecte slave, parlé dans la Carniole, dans la Styrie et dans la Carinthie. A Laybach. 1808. vol. *in*-8.º de 508 pages.

La plus ancienne grammaire du dialecte slave de la Carniole, est celle d'un maître d'école assez habile, nommé Adam Bohoritsch. Elle parut en latin, à Wittemberg, en 1584, *in*-8.º Les exemplaires en sont devenus infiniment rares.

Une Grammaire latine du slave de Carniole, a été imprimée aussi en latin, et sous le voile de l'anonyme, à Laybach, en 1715. On la doit aux soins d'un père Hippolite, capucin ; ce n'est qu'une nouvelle édition de l'Essai rédigé par Bohoritsch.

Celui-ci, dans son ouvrage, avait pour but de faire lire à ses compatriotes une version de la Bible en leur langage, version publiée en même tems par un ministre appelé Dalmatin; il voulait ainsi facili-ter les progrès de la doctrine luthérienne dans la Car-

niole, la Styrie et la Carinthie. Sans doute, l'objet
du père Hippolite, en réimprimant ce même livre, fut, au contraire, de favoriser le maintien
du catholicisme dans ces pays. La langue et la
grammaire sont bonnes à tout, et rien, sans elles,
ne peut avoir de grands succès.

En 1768, un père Marc de Saint-Antoine, religieux augustin, natif de Laybach, et peu érudit,
puisqu'il croyait avoir écrit le premier sur l'idiome
de la Carniole, donna pour ce même dialecte,
aussi à Laybach, mais en langue allemande, une
grammaire qui passe pour très-défectueuse. Cependant il s'en est débité deux éditions.

La nouvelle Grammaire que nous annonçons,
est de même écrite en allemand. On la doit au
zèle et aux lumières de M. de Zoïs, membre de
l'Académie celtique, à laquelle il en a offert un
exemplaire. Cette Société s'est fait rendre compte
de l'ouvrage, et a résolu d'en publier la Notice,
quoiqu'il n'ait qu'un rapport éloigné avec les recherches particulières de linguistique, d'histoire
et d'antiquité dont elle est occupée. C'est ici une
exception, pour marquer son estime et sa gratitude à un confrère étranger, savant et zélé philologue. Elle s'y est déterminée d'autant plus volontiers, qu'elle trouve ainsi l'occasion de recueillir sur les slaves, sur leurs dialectes, sur leurs
écritures, des faits qui peuvent encore présenter
quelqu'intérêt, même après le beau Mémoire
de M. de Sorgo, et les sages observations de

H *

M. Eloi Johanneau, sur ce Mémoire. (*Voyez Mémoires de l'Académie celtique*, tome II).

Nous n'examinons point ce qu'on a dit sur l'origine scythique des Slaves. Dire qu'ils étaient scythes, il nous semble que c'est, par un terme équivoque et vague, les confondre au lieu de les distinguer ; conséquemment, exciter la curiosité sans rien offrir pour la satisfaire.

L'idiome slave, comme le bas breton, contient un mélange d'allemand assez remarquable. Prenant l'allemand pour du celtique, plus d'un savant a écrit sur l'analogie de ces deux idiomes. Nous n'irons pas chercher dans la confusion du celtique et de l'allemand, de quoi justifier notre compétence; mais nous croyons utile de remarquer les similitudes qui se trouvent entre les diverses langues.

Il existe des ressemblances nombreuses entre le slave, le sanscrit et les dialectes indiens vivans dérivés du sanscrit, et conséquemment entre le slave et d'autres langues asiatiques, entre le celtique et les autres idiomes de l'Europe.

M. Frenzel, dans ses *Origines linguæ sorabicæ*, s'efforce de prouver que la langue slave doit-être rangée parmi les langues d'origine sémitique, savoir le chaldaïque, l'hébreu, l'arabe, etc.

Nous devons rappeler aussi, que notre compatriote M. l'Evêque, dans son *Histoire de la*

Russie, a inséré un *Essai sur les rapports de la langue des Slaves avec celle des anciens habitans du Latium.*

Parmi les écrivains vivans, le grand maître dans les différens dialectes slaves, est un célèbre ex-jésuite bohémien, M. l'abbé Dobrowski, auteur de plusieurs ouvrages estimés qui tendent à la conservation, au perfectionnement, à l'harmonie de ces idiomes. C'est d'après lui qu'Adelung, dans son Mithridate, et M. Vater, son continua-teur, ont donné sur le slave des notions aussi neuves que bien rédigées ; et telle est l'estime que fait notre auteur de M. Dobrowski, qu'il déclare modestement dans sa préface, ne vouloir que se-conder l'entreprise de ce savant et lui offrir des matériaux. Il désire que d'autres en fournissent de semblables pour chaque dialecte , et qu'un jour , cet habile ex-jésuite veuille bien prendre la peine de les employer.

Le livre de M. de Zoïs contient une introduc-tion toute historique, un Traité approfondi de l'alphabet et de l'orthographe du dialecte slave de la Carniole , et un Traité élémentaire des parties du discours , selon ce même dialecte. A la fin du volume se trouvent quelques additions faites de-puis l'impression. Elles sont datées du mois de Février dernier.

Ces deux Traités nous ont paru écrit avec clarté , méthode et critique. Nous n'oserions espérer d'en rendre l'analyse assez intéressante pour nos lecteurs, qui sont la plupart français ;

mais nous trouverons peut-être de quoi les satisfaire dans le discours d'introduction, qui concerne
les Slaves en général , leurs dialectes et leur
écriture , particulièrement celle de la Carniole.

Les Slaves, comme les nations qui , antérieu-
rement à eux, ont peuplé l'Europe, sont origi-
naires de l'Asie. L'époque de leur arrivée dans
l'Occident n'est pas précisément connue; mais d'a-
près la place qu'ils occupent , on a tout lieu de
croire qu'ils sont venus des derniers. En effet,
ils sont situés à l'orient de l'Europe , en arrière
des peuples germaniques, et mêlés fréquemment
avec ceux-ci. L'histoire parle des Slaves depuis
le quatrième siècle, mais ne les montre, à aucune
époque, réunis sous un seul chef.

Ils sont encore maintenant disséminés en divers
Etats, au nombre d'environ cinquante millions ,
et nulle part leur langue n'est celle de leur gouvernement, si ce n'est en Russie. Sur une population de vingt millions d'hommes , l'Empereur
d'Autriche, au commencement de 1809 , en avait
treize millions de race slave. On évalue à un mil-
lion ceux de la Carniole , de la Styrie et de la Carinthie.

Ce n'est que depuis moins de 50 ans , qu'on a
commencé à débrouiller l'histoire générale des
Slaves. Schlœzer les divise géographiquement en
neuf branches , qu'on peut fixer à cinq et même
à deux , ne considérant que les principaux
dialectes. Ces neuf branches sont :

1.º Les *Slovaks* ou *Slovenski*, ou Slaves du royaume de Hongrie, que le moine Nestor, historien des Russes, mort en 1154, considère comme la tige des Slaves, non seulement de la Hongrie, mais aussi de la Russie, de la Bohême et de la Moravie.

2.º Les *Wendes* (ou habitans des côtes) au midi de l'Allemagne; c'est-à-dire, dans la Carniole, la Carinthie, la Styrie, le Frioul. On les voit ligués avec les Francs sous Dagobert, ensuite soumis aux Francs. Depuis Charlemagne, ils eurent leurs margraves, leurs ducs et autres seigneurs féodaux, puis reconnurent, il y a déjà plusieurs siècles, le gouvernement des Empereurs d'Autriche.

3.º Les *Wendes* septentrionaux, entre l'Elbe et le Wesel, et jusqu'en Bohême. Parmi eux on nomme 1.º les anciens Obodrites, qui eurent leurs propres rois dans le Mecklembourg; 2.º les Polabes, les Wagriens et les Linons; 3.º les Poméraniens, depuis l'Oder jusqu'au Wesel : ils s'unirent au corps germanique en 1181; 4.º les Slaves, dans les cinq Marches de Brandebourg; 5.º les Sorbes, entre la Sale et l'Elbe, c'est-à-dire dans la Haute-Saxe (1); 6.º enfin, ceux de la Lusace.

---

(1) Il est remarquable que du langage des Slaves établis en Saxe, de ce langage mêlé avec celui des Francs et des Saxons, est provenu le dialecte allemand appelé *haut-saxon*, lequel ayant commencé à se polir à l'occasion de

4.º Les Bohémiens ou *Tscheches*, qui obéissaient, en 722, à leur duc Prémislas, et qui continuèrent jusqu'en 1306, à être gouvernés par des princes ou par des rois de sa famille.

5.º Les Moraves qui s'élevèrent sur les débris du royaume des Avares.

6.ᶜ Les Polonais, qui, dans le 9.ᵉ siècle, comme les Russes, mais quelques années avant ceux-ci, se constituèrent en Etat indépendant, et dont la Silésie fut autrefois une portion intégrante.

7.º Les Russes proprement dits, auxquels il faut joindre les Cosaques de la petite Russie, quoique ceux ci aient long-tems été unis aux Polonais, ou affectant l'indépendance. Les Russes se formèrent en corps de nation à Novogorod, en 862; ils s'accrurent dès 882, et bientôt commencèrent à faire trembler Constantinople. De 1237 à 1462, leur Etat ne fut qu'un fief des Tartares mongoles; il s'étend aujourd'hui, sans interruption, des extrémités de la Prusse et de la Bohême, à celles de l'Empire chinois, et au travers du Kamtschatka et du détroit de Behering, il va se terminer jusque dans l'Amérique, où il a des établissemens de commerce. Il possède une partie de la Perse, touche à l'Inde par le Korasan, domine sur la mer Baltique, sur la mer Noire, sur la mer Caspienne et sur celle du Japon; enfin, il partage avec la

---

la réforme luthérienne, est devenu la langue générale des écrivains de l'Allemagne, sous le nom de *haut allemand*.

France et l'Angleterre, l'éclat et les avantages de la puissance dans l'Europe.

8.° Les Slaves illyriens, ceux qui occupent la Dalmatie, l'Esclavonie, la Croatie, la Bosnie et la Servie.

9.° Enfin, les Bulgares ou Slaves de l'ancienne Basse-Mæsie. Les Bulgares n'étaient pas Slaves ; mais des Slaves s'établirent en grand nombre chez les Bulgares, lorsque ceux-ci furent gouvernés par des rois slaves, comme le furent jadis les Gaulois par des rois francs.

Ces neuf branches de la grande famille slave, ont une langue commune, c'est-à-dire qui, pour le fond, est la même.

On y distingue cinq principaux dialectes. savoir :

1.° Le russe; 2.° le polonais avec le silésien de Teschen; 3.° l'illyrique, sous lequel viennent se ranger les dialectes de la Bulgarie, de la Servie, de la Bosnie, de l'Esclavonie, de la Dalmatie et du territoire de Raguse; 4.° le croatique, auquel se rapporte le wendique de la Carniole, de la Styrie et de la Carinthie; 5.° le bohémien, comprenant le dialecte morave, le silésien de Troppaw, et le slowaque de la Haute-Hongrie.

Le wendique des deux Lusaces, est un mélange de bohémien et de polonais; les diverses branches de slave létique et le walake, sont aussi des mélanges. Aucun ne peut compter entre les dialectes principaux de la langue slave.

Les cinq dialectes indiqués sous cette qualification, peuvent encore, assez convenablement, se ré-

duire à deux. Le premier comprendrait le russe li-
turgique et civil, avec l'illyrique et le croate; l'autre, se composerait du bohémien et du polonais.

Fixés une fois dans l'Europe, les Slaves se sont
adonnés presqu'uniquément à l'agriculture, aux
arts manuels et au commerce.

Ils lisent peu ou point; ils écrivent encore moins;
et, parmi eux, les Dalmates sont encore sans imprimerie.

On loue le courage des Slaves, et l'esprit de
paix et de modération qui les éloigne des conquêtes.

Mais il faut observer, d'une part, que la bran-
che russe cultive maintenant les sciences et les
lettres; de l'autre, qu'elle ne cesse pas de s'agran-
dir par des conquêtes, malgré la masse énorme
de ses territoires dans trois parties du monde. La
différence de gouvernemens explique ces variétés
chez les Slaves. C'est une grande vérité, *que tout
fut donné à tous par la nature; mais que le gouvernement garantit ou enlève aux peuples qui
lui sont soumis, l'héritage de la nature humaine.*

Nous avons déjà dit que, nulle part, hors la
Russie, l'idiome des Slaves n'est la langue du
gouvernement auquel ils obéissent. Il n'est donc
pas surprenant, qu'à l'exception des Russes, ils
aient négligé leur propre langage; que la plùpart
de leurs grammaires ressemblent beaucoup à de
premiers essais; qu'ils aient divers alphabets, et
que leur ortographe soit si incertaine.

On leur connaît quatre alphabets, et des systèmes d'ortographe beaucoup plus nombreux.

Leurs deux alphabets les plus anciens, sont le
kirylliza, composé au 9.ᶜ siècle, par deux mis-
sionnaires de Thessalonique, d'après l'alphabet
grec de ce tems là, ajoutant d'autres signes nécessaires ; et le *glagolique*, inventé 200 ans plus
tard, et appelé, par erreur, du nom de Saint Jérôme, puisqu'il n'est que le *kirylliza* déguisé.
Ces deux alphabets n'ont plus guère d'usage que
pour la liturgie.

Le troisième alphabet est le russe civil ou vul-
gaire, qui n'est encore que le *kirylliza* modifié et
demeuré onçial, mais assez riche; trop, peut-être,
pour tous les sons et pour tous les tons de la langue slave.

Quant au quatrième, c'est l'alphabet latin prononcé à l'allemande; il date du tems de la réfor-
mation de Luther. On n'a commencé qu'à cette
époque, hors de la Russie, à cultiver avec quelqu'ardeur les dialectes slaves, à rédiger leurs
grammaires et leurs dictionnaires.

Mais ce dernier alphabet manque des signes
nécessaires pour certaines intonations propres aux
langues slaves. On y a suppléé par des réunions
de lettres latines, où ces lettres ont une valeur dif-
férente de leur valeur, ou primitive, ou ordinaire.

C'est ainsi qu'ont fait pour leur langue, respec-
tivement, les Italiens, les Espagnols, les Français,
les Allemands et les Anglais. Il faut bien conve-
nir que c'est une défectuosité; mais, du moins,

chacun de ces peuples n'a qu'une seule méthode pour employer ces assemblages.

Chez les Slaves, c'est tout le contraire; ils ont, les Russes exceptés, autant de systèmes d'orthographe qu'ils forment d'Etats différens. Il en est un particulier dans la Carniole, la Styrie et la Carinthie, un autre en Dalmatie, un troisième en Croatie, un quatrième en Bohême, un cinquième en Pologne, un sixième en Lusace. Et ces systèmes ont encore varié en chaque pays, à plusieurs époques, depuis deux siècles; ils varient même au gré des individus, particulièrement dans la Dalmatie.

Un tel abus fait gémir tous les Slaves lettrés, et les rend presqu'inintelligibles les uns aux autres. Les différences de prononciation doivent rendre ce mal encore plus insupportable.

Il faut donc savoir gré à M de Zoïs, d'avoir consacré plus de 200 pages de sa Grammaire à développer les causes d'un tel désordre, et à présenter des remèdes. On ne peut s'empêcher de faire des vœux pour que ses louables efforts et ceux de ses imitateurs; particulièrement ceux de M. Dobrowski, soient récompensés par un heureux succès.

J. D. Lanjuinais.

VARIANTES

*De l'Histoire fabuleuse de la naissance de
Charlemagne, insérée dans le N.° IX des
Mémoires de l'Académie celtique.*

Je ne sais si l'on aura donné à l'*Histoire fabuleuse de la naissance de Charlemagne*, que j'ai
publiée dans le N.° IX des Mémoires de l'Académie,
d'après une ancienne chronique du recueil de Mei-
bomius, toute l'attention et l'importance qu'elle
mérite aux yeux de tous ceux qui savent distinguer la mythologie d'avec l'histoire. La Bibliothèque britannique, rédigée par un de nos plus
illustres confrères, vient d'en publier une autre
version tirée d'un auteur anglais, qui lui-même
l'a extraite d'une *très-ancienne Histoire de la
naissance et de la jeunesse de Charlemagne*,
publiée à Munich, en 1803, par le baron d'Are-
tin, d'après un manuscrit du 13.ᵉ siècle, de l'abbaye de Wechent, près Fresengen. Je crois devoir
insérer ici cette deuxième version, afin qu'on
puisse la comparer avec la première. Cette comparaison me paraît, à moi, d'autant plus curieuse,
que je regarde ces deux histoires comme une ancienne fable mythologique de la naissance d'un
dieu des Francs, nommé *Karl*, imaginée dans
des tems où il n'y avait pas d'autres annales que

des hymnes, et d'autres archives que la tradition et la mémoire, et attribuée ensuite à Charlemagne, à l'époque où les Germains et les Gaulois ont connu l'écriture et lui ont confié leurs légendes et leurs chroniques, comme au dernier personnage de ce nom le plus célèbre.

Cette confusion de la mythologie avec l'histoire, pour ce qui concerne la naissance de Charlemagne, était d'autant plus facile, qu'Eginhard, son secrétaire et son historien, ne nous a rien transmis sur le lieu de la naissance de ce prince, et sur l'histoire de ses premières années; qu'il paraît que les deux versions fabuleuses de la chronique de Brême et du manuscrit de l'abbaye de Wechent, n'ont été recueillies que dans le 13.ᵉ siècle, d'après les récits populaires, comme la plupart de nos chroniques et de nos légendes, comme la chronique de l'archevêque Turpin en particulier; et qu'un intervalle de cinq siècles, dans ces tems d'ignorance où le défaut de manuscrits, et sur-tout de critique, ne permettent pas de discerner ni les tems, ni les lieux, ni les personnes, équivaut à un bien plus long laps de siècles. Je pourrais prouver d'ailleurs, que Charlemagne n'est pas le premier et le seul personnage historique qui ait été confondu avec des personnages fabuleux. Je mets en fait même, qu'il n'y a pas un seul peuple ancien qui n'ait fini par confondre ses premières histoires avec ses fables mythologiques, et ses premiers rois avec ses dieux; par la raison que ces rois portaient les noms de leurs dieux, et que

leurs histoires et leurs fables n'ont été recueillies
que d'après la tradition , et long-tems après le
règne des premiers et le commencement du culte
des seconds. Mais ce n'est pas ici le lieu de m'é-
tendre davantage sur un sujet aussi intéressant
et aussi neuf que celui du discernement de la
mythologie d'avec l'histoire. Je me propose de le
faire dans un grand ouvrage que je prépare depuis
long-tems. Voici l'extrait de la deuxième version
de la naissance de Charlemagne, d'après le manuscrit de l'abbaye de Wechent.

Selon ce manuscrit, dès que Pepin se vit appelé
par le vœu public au trône de France , il déclara
l'intention où il était d'extirper le paganisme en
Allemagne. A cet effet, il fixa sa résidence dans
le château de Wechent, comme étant le *centre* de
son empire, et y fonda un monastère. Peu après,
Kœrling, roi de *Brittaia*, lui offrit sa fille en
mariage ; mais avant d'accepter cette proposition,
Pepin voulut avoir le portrait de la princesse en
échange du sien qu'il lui envoya. Il fut enchanté
de sa beauté. A la vue de ce portrait, son premier intendant, qui était en même-tems son fa-
vori , témoigna un vif désir de voir la princesse
elle-même, pour pouvoir certifier à son maître la
ressemblance du portrait et de l'original. Il se
rendit en conséquence à la cour du roi *Kœrling*,
où on lui fit un très-bon accueil, et où il vit la princesse ; sa beauté lui parut répondre parfaitement
à celle dont le portrait lui avait donné l'idée. Il
remarqua qu'elle ressemblait beaucoup à sa pro-

pre fille ; et aussitôt il forma un projet dont cette ressemblance et la confiance dont il était honoré, devaient favoriser l'exécution.

Le roi *Kærling* lui ayant annoncé qu'il se proposait de faire accompagner la princesse jusqu'au château de Pepin par une brillante escorte, l'intendant lui dit que son maître avait ordonné qu'un certain nombre d'hommes à lui, vinssent à la rencontre de la princesse à *la moitié* du chemin ; et que son désir était qu'elle fût remise entre leurs mains. Le roi y consentit ; et la princesse, après avoir pris congé de son père et l'avoir tendrement embrassé, partit sous l'escorte qu'il avait chargée de l'accompagner. Arrivée au lieu indiqué sur la route, cette escorte se retira, remettant la princesse, non aux gens de Pepin, comme elle croyait le faire, mais aux mains des agens de l'intendant, qu'ils prirent pour ceux du roi.

La princesse fut conduite par sa nouvelle escorte dans la partie la plus sauvage d'une forêt. Là, on la dépouilla de ses vêtemens et on lui fit prendre ceux de sa rivale, à qui elle fut également contrainte de céder l'anneau nuptial dont son père lui avait fait don en partant. L'intendant avait fait jurer à ses complices qu'ils égorgeraient l'infortunée princesse, et que pour preuve de cette horrible exécution, ils lui apporteraient sa langue. Ils emmenèrent donc leur victime dans le cœur de la forêt, pour que leur crime ne pût être découvert. La princesse les pria de lui permettre de prendre avec elle son petit chien et une boîte

contenant de l'or et de la soie. Après avoir un peu
hésité d'y consentir , ils se rendirent à sa prière.
Ayant ainsi commencé à s'adoucir , ils furent in-
sensiblement touchés du spectacle de sa beauté ,
de ses larmes et de son innocence , et renoncèrent
à leur funeste dessein , en faisant jurer à la
princesse de ne point les trahir. Il s'agissait ensuite
de satisfaire celui qui les avait envoyés, et de lui
offrir les preuves qu'il avait exigées de l'exécution
de sa commission. Ils lui rapportèrent donc la
chemise de la princesse, percée de coups de poignard et teinte du sang du petit chien, et y joi-
gnirent la langue de ce même animal, qu'ils
avaient arrachée de sa bouche. L'intendant,
trompé par ces apparences, poursuivit son dessein ; il présenta sa fille à Pepin au lieu de la
princesse, et parvint, sans difficulté, à la lui
faire épouser. Elle devint mère de deux fils, dont
l'un fut pape dans la suite, et couronna Charlemagne Empereur d'occident.

Quant à la malheureuse princesse , elle erra
quelque tems dans la forêt, et trouva enfin un
asile dans la maison d'un meûnier. Dans la situation où elle se trouvait , l'or et la soie qui lui res-
taient, et qui étaient la seule partie de ses richesses
dont on ne l'eut pas dépouillée , furent pour elle
une ressource. Elle en fit différens ouvrages que
son maître allait vendre à Augsbourg.

Elle passa ainsi *sept années.* Enfin, Pepin, en
suivant sa chasse, arriva un jour dans le voisinage
de cette retraite ignorée. Il s'égara et parvint, de

nuit, après diverses aventures, à la maison même
que le meûnier et la princesse habitaient. Il n'a-
vait avec lui que son médecin, qui, étant versé
dans l'*astrologie*, découvrit que cette maison re-
celait la légitime épouse du roi. Il le dit à Pepin.
Celui-ci, abusant de la crédulité du meûnier, lui
fit entendre que ses filles (le meûnier n'en avait
que deux) étaient appelées à de hautes destinées;
et après avoir, sous ce prétexte, corrompu l'une
et l'autre, il apprit enfin qu'une troisième fille
habitait cette maison. C'était la princesse, qui vint
à lui et lui raconta sa déplorable histoire. Cette
princesse s'appelait *Berthe ;* Pepin en eut un fils,
et ce fils fut *Charlemagne.*

Le lecteur devine sans peine que Berthe fut ré-
tablie dans le rang qui lui appartenait, que l'intendant fut puni, et Charlemagne reconnu suc-
cesseur légitime.

Eloi JOHANNEAU.

NOTICE

*Sur le monument et la fable du dragon de
Niort, extraite d'une dissertation de* M.
D'ORFEUILLE, *sur l'existence des dragons ;*

PAR M. ELOI JOHANNEAU.

CET extrait était rédigé quand j'ai reçu la lettre
de M. Jouyneau Desloges, insérée page 51 de ce
Numéro, dans laquelle il est déjà question de ce
même dragon. Quoique ce savant confrère ait
puisé à la même source que moi, et que je lui en
doive même la communication, je n'ai pas cru
devoir supprimer mon extrait, parce qu'il est
plus étendu que le sien, et que je l'ai accompagné de réflexions qui me sont particulières ; qu'en
outre, j'ai été obligé, pour le composer, de rap-
procher et mettre en ordre tous les renseignemens
que j'ai trouvés épars dans la prose, les vers et
les notes de M. d'Orfeuille, car cette dissertation
est en prose et en vers. Elle a été imprimée à
Saint-Maixent, en l'an 7.

Si cette dissertation ne traitait que du sujet annoncé dans le titre, on sent bien que je ne perdrais
pas mon tems à en faire l'extrait ; attendu que personne ne croit plus à la réalité de l'existence des
dragons, et que je suis persuadé, en particulier,
que les fables qu'on en raconte et les cérémonies
religieuses qui en sont la suite, ne sont que des
allégories astronomiques qu'on retrouve dans les
mythologies de tous les peuples. Mais il est aussi
question, dans la dissertation de M. d'Orfeuille,

d'un monument élevé, à Niort, à un guerrier vainqueur d'un dragon ; et c'est même ce monument
qui a donné lieu à la dissertation et à l'opinion
que l'auteur y défend. Je me bornerai donc, dans
cet extrait, à faire connaître ce monument singulier et la fable ancienne qui l'aura fait ériger ,
dans les tems postérieurs , après avoir été regardée
et crue sans doute comme une histoire véritable,
étant appuyée sur la tradition d'une cité entière.

M. d'Orfeuille commence sa dissertation par nous
apprendre qu'en se promenant, en 1788 , sur le cimetière de l'hôpital général de Niort , et considérant les tombeaux qui s'y trouvaient épars , il
en vit un qui lui parut devoir fixer particulièrement son attention ; que les figures qu'il y remarqua , les inscriptions qu'il y découvrit , lui ap-
prirent bientôt par quel motif on l'avait élevé autrefois ; que le fait lui parut extraordinaire ; mais
qu'il eut la négligence de ne prendre copie d'aucune des inscriptions ; qu'elles le frappèrent cependant à un tel point, qu'il ne les a pas encore oubliées
entièrement (il écrivait en l'an 7) ; qu'en repas-
sant au même endroit, en 1792 , il vit avec surprise que ce monument qui lui semblait mériter
d'être soigneusement conservé , était presqu'entièrement détruit ; qu'il ne restait plus alors que le
couvercle du mausolée , et que même il avait été
transporté à quelques pas de la place où il l'a-
vait vu d'abord ; que depuis cette époque , il
n'a pu s'empêcher de faire des réflexions sur
ce monument singulier ; qu'ayant cru y trouver la preuve de l'existence des dragons , cela
l'avait engagé alors à faire des recherches pour
la confirmer et pour recueillir, dans la mémoire
de ses concitoyens , toutes les preuves que ce
monument pouvait lui fournir de l'existence du

dragon de Niort, et qu'il aurait pu avoir oubliées. M. d'Orfeuille, comme on voit, est bien persuadé de l'existence de ce dragon ; et en effet, si nous n'étions pas aussi instruits que nous le sommes aujourd'hui en histoire naturelle, il serait difficile de nier un monument dont la tradition, conservée jusqu'à nos jours dans la mémoire de tous les habitans d'une cité, est confirmée par un monument sépulcral placé dans un cimetière public, et exposé à la vue de tout le monde. Mais aucune tradition, aucun monument, ne pourront jamais faire croire qu'il a existé des monstres tels que le dragon de Niort et le serpent Python.

Voici, au reste, la description de ce monument, faite en grande partie d'après la gravure que M. d'Orfeuille a jointe à sa dissertation. Sur la pierre tombale qui recouvrait le mausolée, on voit représenté un guerrier couvert d'une cuirasse et d'une cotte d'armes. A côté de lui et à sa gauche, est un serpent ailé couvert d'écailles, droit sur sa queue, lequel s'élève au-dessus du guerrier et semble lui lancer le venin dont ses joues sont pleines. On lisait encore, il y a 10 ans, à un des bouts du mausolée, l'épitaphe suivante :

SISTE VIATOR,
REM HABES PAUCIS :
HI PERIERE SIMUL ;

c'est-à-dire, *Arrête-toi, voyageur, voici le fait en peu de mots : Ils ont péri ensemble.* Sur un des côtés était, en langue latine, le nom du guerrier, l'époque et les circonstances de cette tragique aventure, avec cette autre inscription :

HOMO OCCUBUIT SERPENTIS VENENO,

l'homme a péri par le venin du serpent.

En supposant que la figure du personnage, sculptée sur le couvercle du tombeau, soit dans une proportion naturelle, le guerrier devait avoir environ 5 pieds 2 pouces de haut, et le serpent 10 pieds de long.

Voici maintenant comme la tradition explique ce monument, et raconte l'événement qui l'a fait ériger.

Un soldat avait été condamné à mort pour crime de désertion ; il apprit qu'à Niort, sa patrie, un énorme serpent faisait depuis trois mois des ravages, et qu'on promettait une grande récompense à celui qui pourrait en délivrer la contrée. Ce guerrier se présente ; on l'admet à combattre le monstre, et on lui promet de lui accorder sa grâce s'il parvient à le détruire. Couvert d'un masque de verre et armé de toutes pièces, l'intrépide soldat va à l'antre obscur où se tient le monstre ailé qu'il trouve endormi. Réveillé par une première blessure, il se lève, prend son essor et vole contre l'agresseur. Tous les spectateurs effrayés se retirent, lui seul reste et l'attend de pied ferme. Le dragon tombe sur lui et le terrasse de son poids ; mais au moment qu'il ouvre la gueule pour le dévorer, le soldat saisit cet instant pour lui enfoncer son poignard dans la gorge. Le monstre tombe à ses pieds. Notre brave guerrier allait recueillir les fruits de sa victoire, lorsque poussé par une fatale curiosité, il ôta son masque pour considérer à son aise le redoutable ennemi dont il venait de triompher. Déjà il en avait fait le tour, quand le monstre blessé mortellement et nageant dans son sang, recueille des forces qui paraissaient épuisées, s'élance subitement au cou de son vainqueur, et lui communique un venin si malfaisant, que ce brave guerrier périt au milieu de son triomphe.

Parmi les nombreuses histoires de dragons que M. d'Orfeuille cite à l'appui de son opinion sur la réalité du dragon de Niort, il en est une qui mérite plus d'attention que les autres, c'est celle du dragon du village de Torcy, près Lunéville, que Don Calmet, dans sa lettre sur les dragons (Voyez le Journal de Verdun, du mois de Juin 1751, page 430), prétend avoir été tué vers le commencement du siècle dernier, et dont on voyait encore, il y a environ 60 ans, un tombeau élevé en mémoire de cet événement, sur lequel était la figure d'un dragon. Mais ce monument, ainsi que celui de Niort, ne prouve pas plus la réalité du fait, que les tombeaux des dieux égyptiens, grecs et romains, ne prouvaient la réalité de l'existence de ces dieux sur la terre. Tous ces monumens ne prouvent que la réalité de la crédulité des peuples, qui, après un long laps de siècles, ont fini par regarder des allégories comme des histoires, et des personnages fabuleux comme des personnages historiques. Je pense donc qu'on peut admettre les dates, quoiqu'un peu trop récentes peut-être, assignées au monument du dragon de Torcy et à celui du dragon de Niort ; mais je ne peux croire à celles fixées pour l'événement, puisqu'il n'a jamais eu lieu qu'en allégorie ; que toutes les allégories appartiennent à des religions bien anciennes, et que celles de nos contrées en particulier, sont de l'invention des druides. Le nom seul d'*Alloneau*, qui signifie en celtique le *vainqueur de la bête*, comme je l'ai déjà remarqué dans une note sur la lettre de M. Jouyneau Desloges, me persuade que la victoire qu'on lui attribue, est une victoire allégorique, comme celle d'Apollon *Pythius*, vainqueur du serpent Python, et que la fable en est au moins aussi ancienne. Je pourrais le prouver ; mais comme le but de l'Académie n'est pas d'expliquer les fables, mais de se borner à les recueillir, je termine ici cette Notice, en invitant tous les savans qui en connaissent de semblables, de vouloir bien les recueillir et nous les communiquer. Quoique ce soit des fables ou des traditions fabuleuses, que le peuple seul les raconte et y croit encore, elles n'en méritent pas moins l'attention et la curiosité d'un antiquaire philosophe, puisqu'il est certain qu'elles appartiennent à la mythologie de nos ancêtres. Quand elles auront été recueillies et expliquées, nous reconnaîtrons alors qu'il ne leur a manqué que d'être chantées par des poëtes anciens, comme l'ont été les fables des Grecs et des Romains, pour nous intéresser plutôt.

ELOI JOHANNEAU.

BIBLIOTHÈQUE CELTIQUE,

Ou Extrait des Ouvrages anciens et nouveaux, relatifs aux langues et aux antiquités celtiques.

DESCRIPTION

Topographique et statistique de la France, par MM. Peuchet *et* Chanlaire, *membres de l'Académie celtique.*

STATISTIQUE

Du département de la Loire-Inférieure ; par M. De Noüal de la Houssaye, membre de l'Académie celtique.

EXTRAIT.

Mœurs, coutumes et usages.

Ce qui contribue sur-tout à maintenir la bonne harmonie dans les ménages, c'est cette supériorité universellement reconnue, et par-tout observée, d'un sexe sur l'autre. Dans les temples, les hommes seuls approchent du sanctuaire, et toutes les femmes se tiennent au bas de l'église.

L'hiver, au repas du soir, qui se fait à la chute du jour, succèdent les veillées. A cette époque les ménages se visitent et travaillent en commun ; les hommes, assis sur des bancs pratiqués intérieurement aux deux côtés de la cheminée, s'occupent à tailler quelques ustensiles en bois, à réparer leurs instrumens de labourage, à faire quelques ouvrages de vannerie, ou à enjoliver des cannes et des quenouilles pour les *galaudes*, les jeunes filles. Les femmes filent; celles-ci, et les enfans qui entourent le foyer, écoutent attentivement la conversation. Si quelqu'un de la famille sait lire, on consulte l'almanach et ses prédictions; on récite les relations de prodiges que les charlatans et les chanteurs de miracles débitent aux foires. Le plus souvent on cause, et le sujet ordinaire de la conversation n'est pas ce qui intéresse l'agriculture, mais ce que suggère la superstition. On apprend là, par quelles dévotions particulières il faut honorer le saint qui prend soin des abeilles, celui qui préserve de la grêle ou qui procure de la pluie; à quel calvaire du canton il faut porter un œuf durci, un peu de pain et une pièce de monnaie; à quelle fontaine il faut aller boire pour se guérir de la fièvre ou prévenir les maladies; on apprend quelle est la vieille qui prédit le mieux l'avenir, où se tient l'homme qui guérit les maux d'yeux avec un grain de froment consacré; on apprend encore quels sont les vrais tourmens de l'enfer, l'angoisse des limbes, les délices du paradis, et combien les sorciers sont nombreux et puissans. Le tems des miracles et des fées n'est point passé pour ces bons villageois. Celui qui prend la parole connaît un homme qui s'est donné au diable; il a vu un revenant, et s'est signé pour le chasser; il a porté toute une lieue, le lutin qui avait sauté sur ses épaules; il a perdu tout son troupeau, parce qu'un sorcier, déguisé en mendiant et auquel il a refusé l'aumône, a jeté un sort sur son étable.

Chaque canton offrant quelques variétés dans les costumes, nous nous bornerons à faire connaître celui des paludiers, nommé *costume guérandais*, parce qu'il ne se rencontre dans aucun autre endroit de la France.

Les femmes portent des coiffes à fond étroit et plissé,

dont les pans s'attachent sous le menton, et pendent
alors sur la poitrine, ou flottent sur les épaules. Elles
séparent et tressent leurs cheveux sur le front avec un
cordon plat. Un collet à dentelles, un fichu plissé, une
robe blanche à manches larges, violettes ou rouges, et
dont le corset se lace avec un ruban croisé à 4 ou 5
rangs; un jupon noir ou violet bordé en velours; une ceinture d'un ruban de soie à fleurs d'or ou d'argent nommé
livrée, des bas rougés à fourchettes de couleur, des
pantoufles: voilà l'habillement d'une femme du bourg de
Batz.

Des culottes amples et plissées, deux ou trois gilets
blancs et bleus placés par étages; par-dessus, une che-
misette de toile, une chemise à rabat, un chapeau rond
ou dont les bords se relèvent peu, voilà l'habillement des
hommes.

Le bleu est la couleur favorite. Le costume des femmes, comme dans presque toutes les campagnes de l'ancienne Basse-Bretagne, est éclatant par l'emploi fréquent
des galons et des rubans brochés d'or. Ici, les femmes
comme les hommes, portent, aux jours de cérémonie,
des manteaux courts à collet droit et qui dépasse la tête.
Il y a quelque chose d'Espagnol ou de Béarnais dans cette
manière de s'habiller.

Dans quelques endroits, quand le marié ne doit point
habiter la maison de son beau-père, la veille des noces, suivi de ses parens et de ses amis, il va chercher
les meubles de sa future; c'est là souvent toute sa dot.
Ce transport se fait avec pompe. La fille est arrachée
des bras de sa mère; elle suit en pleurant, escortée de
ses compagnes, le char qui porte son ménage; et ce n'est
que par la violence qu'on lui fait franchir le seuil de
la nouvelle maison qui lui est destinée. Le soir du jour
des noces est encore une circonstance que des pratiques
différentes rendent remarquable dans chaque canton.

On danse à toutes les foires; on danse dans toutes les

fermes, après les vendanges ou à la fin des *batteries*.
On danse par-tout où quelque travail extraordinaire réunit
des jeunes gens. Les choréographes distinguent deux prin-
cipales danses, les *bretonnes* et les *rondes*. Nous ne par-
lerons que des premières.

Les bretonnes se dansent sur des airs à deux reprises,
chacune de deux mesures à quatre tems, et se composent ainsi de huit mesures par les doubles répliques.
Chaque reprise doit, comme pour la gavotte, commencer
avec le second tems et finir sur le premier. Elles se dansent à
deux et à quatre. On marche pendant la première reprise, on
figure pendant la seconde. Quand on est quatre, on forme un
moulinet. Quand on la danse à deux, un très-grand nombre
de danseurs sont à la suite les uns des autres, et semblent
tourner sur un pivot. Les femmes supportent ces exercices
beaucoup plus long-tems que les hommes ; de sorte qu'au
milieu de la figure, quand un des spectateurs aperçoit le
danseur fatigué, il se place devant lui et continue de
figurer. Cette danse est d'un mouvement gracieux, ni trop
gai ni trop grave.

Langage.

La langue française est la seule usitée dans le département, mais on y traîne un peu les finales des mots
et des phrases ; par exemple, on prononce *fi-ye*, *pa-ye*,
au lieu de *fille* et de *paille*. Dans les campagnes, chaque
commune a, en quelque sorte, son idiome composé de
mots celtiques (1), d'anciens mots romains ou tudesques,
et de mots français qu'une mauvaise prononciation dé-
figure, ou dont le sens est extrêmement altéré. L'accent
caractéristique de chaque canton est bien plus fortement
marqué que celui des villes. On distingue facilement un
habitant de la rive gauche de la Loire, qui a l'accent
poitevin, d'un habitant des environs de Châteaubriant,
de Blain, du bourg de Batz ou des marais de Montoire,

---

(1) Dans toute la Haute-Bretagne, on dit à *nuit* pour *aujourd'hui*,
ce qui rappelle l'ancien usage de compter par nuit. Ce mot qui se prononce *anect*, se rapproche du celtique *henoct*, cette nuit.

qui ont des accens et des expressions qui leur sont propres. Ils parlent d'ailleurs de manière à être facilement
entendus des Français, habitans des villes. On remarque
seulement, en général, une prononciation lente, des
constructions embarrassées, une fatigante affectation de sé-
parer les mots ou de les joindre par des monosyllabes
insignifians. Dans les environs de Guérande, quelques
villages parlent également le français et le celtique vannetais. L'usage de ces deux langues leur est nécessaire
pour le *troque* ou le commerce d'échange qu'ils font
avec les départemens d'au-delà de la Vilaine, où ils portent du sel, et dont ils tirent les grains qu'ils consomment.

Antiquités.

Toute la partie de ce département située sur la rive gauche
de la Loire, appartenait autrefois à la cité des Pictones.
Ce territoire était divisé en trois *pagi* : le *pagus ratensis*
ou *ratiensis*, le pays de Retz, dont *Ratiate* était la capitale, occupait l'angle formé par la mer et la rive gauche
de la Loire ; le *pagus arbatilicus*, *herbidilicus*, le pays
d'Herbauge, était plus haut du côté de Nantes, et avait
pour capitale *Herbadilla* ; le *pagus medalgicus*, le pays
de Mauges, comprenait le Montglône, aujourd'hui Saint-
Florent. Ce dernier canton qui a été distrait de la Bretagne ; faisant aujourd'hui partie de Maine-et-Loire,
nous ne nous occuperons ici que de *Ratiate* et d'*Herbadilla*.

On a cru, pendant quelque tems, que *Ratiate* était la
capitale des *Lemovices* qui habitaient le Limousin. L'abbé
du Belley et d'Anville ont restitué cette ville à la Bretagne,
et en ont fait, avec raison, la capitale du pays de Retz. Ces
deux auteurs pensent que Saint-Père-en-Retz était autrefois *Ratiate* ; il est plus probable que c'était *Rezé*. En effet, le pays de Retz s'étendait jusque vis-à-vis Nantes. *Ratiate*, suivant l'opinion commune, a été détruite par les
Normands, ce qui fait présumer qu'elle était sur les bords
de la Loire. En fouillant les terres qui environnent Rezé,
on y a trouvé des tombeaux et autres vestiges d'antiquité ;
enfin, l'auteur de la vie de Saint-Philbert, rapporte qu'une
dame Rainilde s'embarqua sur la Sarthe, entra dans la
Loire par la Mayne (ou Mayenne), et parvint ainsi au port
de *Ratiate*, qui est à 8 milles du monastère de Déas. En
570, les princes bretons qui tenaient Rezé sous leur domi-

nation, y faisaient battre monnaie. On connaît un tiers de
sou d'or, avec une tête cintrée d'un diadême perlé, et
deux légendes portant ces mots : *Ratiate et Theodoric. n.*
Cette médaille est probablement du comte Théodoric, fils
de Budic, comte de Vannes; le diadême qu'on y remarque
nous le montre régnant à Rezé. « Le bourg de Rezé, dit
l'auteur de la Dissertation sur les monnaies de Bretagne,
bien remarquable par les grandes ruines qu'on y voit, et
où il y avait autrefois un port, que quelques-uns soupçon-
nent être le *portus Pictonum*, est assurément la ville de
Ratiate. On y trouva, il y a peu d'années, des médailles
de l'Empereur Julien. Cette ville, riche par son commerce,
fut ruinée dans le 7.ᵉ siècle.»

Herbadilla a plus encore occupé l'attention que *Ratiate.*
M. de Valois, suivant l'opinion commune, fixe à l'an 580
l'engloutissement de cette ville ; Baillet est le seul qui l'ait
placé à l'an 554. Les historiens et les chroniqueurs du
tems, gardent le plus profond silence sur cet événement.
On s'est borné, par la suite, à copier la légende de Saint-
Martin, et dans cette légende la submersion d'*Herbadilla* est accompagnée de circonstances tellement absur-
des, qu'on a été tenté de la regarder comme une fable.

On ne peut douter, cependant, qu'il n'y ait eu, jadis,
dans la seconde Aquitaine, un canton qui avait ses com-
tes, et qu'on appela *Comté d'Herbauge ;* il est probable
qu'il eut sa capitale, et les historiens distinguent parfaitement la capitale et le canton. On peut donc croire la
légende de Saint-Martin, quand elle annonce l'existence
d'une ville capitale de l'Herbauge, et connue sous le nom
d'*Herbadilla.* On peut la croire, quand elle suppose que
cette ville était commerçante et abondait en marchandises qui y étaient importées par la mer et la Loire ; quand
elle dit que ses habitans étaient idolâtres. On peut la croire
aussi, quand elle dit que cette ville fut tout à coup sub-
mergée. Elle occupait le centre d'un bassin où se jettent
beaucoup de ruisseaux, et qui était couvert de bois. Une
inondation de la Loire, qui se trouve encore aujourd'hui
plus élevée que le fond du lac, a pu procurer un sub-
mergement ou un engloutissement. En effet, si le lac
de Grand-Lieu eut existé avant le 6.ᵉ siècle, pourquoi
les auteurs de cet âge, qui ont cité différens bourgs du
comté d'Herbauge, n'en auraient-ils point parlé? pourquoi n'aurait-on pas appelé dès-lors le monastère de *Deas,*
le monastère *du Grand-Lac ?*

Mais les légendaires sont comme les mythologues ; ils enveloppent la vérité de fables, de prodiges, pour satisfaire la crédulité de la multitude, et confondent les tems, les personnes, pour honorer davantage le héros qu'ils célèbrent. Il est donc permis de douter que Saint Martin ait voulu noyer les habitans d'*Herbadilla*, qu'il n'avait pu convertir ; que Dieu ait exaucé un vœu semblable ; que par un miracle, renouvelé de Sodome, une femme qui, accompagnait notre Saint, ait été changée en pierre, pour punition de sa curiosité ; enfin, que l'engloutissement d'*Herbadilla* ait eu lieu au 6.ᵉ siècle, lorsque Grégoire de Tours et le poëte Fortunat n'en paraissent point instruits. On pense que cet événement a dû arriver du 8.ᵉ au 11.ᵉ siècle, dans ces tem's de troubles et de profonde ignorance dont il nous reste si peu de monumens.

Le lac de Grand-Lieu avait haute, moyenne et basse justice. Le tribunal siégeait dans un bateau à 200 pas du rivage. Lorsque le juge prononçait la sentence, il devait, de son pied droit, toucher l'eau du lac. On remarque à sa pointe méridionale, une petite île de figure à peu près ronde, et de 5 à 600 pas de diamètre. Elle se nomme l'île d'*Un*. Il y a au milieu une pierre debout, ou *menhir*, de 16 décimètres (5 pieds) de hauteur, sur 6 à 9 (2 pieds à 2 pieds et demi) de largeur à sa base. Cette pierre paraît profondément enfoncée en terre ; elle est percée d'un trou rond, de 16 centimètres de diamètre, à environ 16 centimètres du sol. Elle sert, suivant une vieille tradition, à boucher l'entrée du gouffre qui a vomi l'eau du lac. Ce gouffre renferme un géant énorme (l'antagoniste de Saint Martin.), qui, par les efforts qu'il fait pour se délivrer, excite des tempêtes sur le lac. Il est réservé à une jeune vierge d'enlever cette pierre. On remarque près d'elle le tronc d'un vieux arbre qui paraît avoir été un chêne. On voit encore, à peu de distance du lac, une seconde pierre debout, informe, qu'on nomme dans le pays, la *vieille de Saint Martin ;* car, ainsi que nous l'avons déjà remarqué, les circonstances qui ont accompagné la destruction de Sodome et la création du lac Asphaltide, se retrouvent, à peu de chose près, dans l'histoire du lac de Grand-Lieu et de la ville d'Herbadilla. Les marais du lac de Grand-Lieu, suivant les habitans des communes voisines, sont peuplés de farfadets, de loups-garoux ; devons-nous ajouter que c'est dans ce pays, où les esprits sont si crédules et si superstitieux, qu'a pris naissance la guerre affreuse, dite de la *Vendée*.

On trouve dans plusieurs endroits du département, des pierres énormes que les uns considèrent comme des monumens funèbres ou religieux, que d'autres regardent comme des monumens militaires, et que nous croyons, dans ces diverses hypothèses, avoir été élevés par les Celtes.

Le monument de Saint-Nazaire est le plus considérable de tous. C'est une pierre longue de 3 mètres 26 centimètres (10 pieds), large de 1 mètre 64 centimètres (5 pieds), et épaisse de 34 centimètres (1 pied 7 lignes). Elle est supprotée par deux autres pierres, dont une au sud, a 1 mètre 94 centimètres (6 pieds) d'élévation au-dessus du sol, 2 mètres 27 centimètres (7 pieds) de large, et 64 centimètres (2 pieds d'épaisseur); l'autre, au nord, a également 1 mètre 94 centimètres (6 pieds d'élévation), mais n'a que 16 centimètres (6 pouces) de large, et 32 centimètres (1 pied d'épaisseur). A côté, vers l'ouest, est une autre pierre, taillée en cône, qui a 3 mètres 57 centimètres (11 pieds) de long, sur 97 centimètres (3 pieds) de large à sa base, et 3 centimètres (4 lignes) d'épaisseur. On assure qu'en fouillant la terre sous ces pierres, on y a trouvé des urnes, des pièces d'or, d'argent et de cuivre. Si cela est vrai, il n'est plus guère permis de douter que ce ne soit un monument funèbre.

La commune de Sion, canton de Derval, renferme sept de ces énormes pierres, qui ont été plantées de main d'homme. Elles sont toutes sur la même ligne, au bord d'une petite lande et d'un carrefour. Il est certain qu'elles ont été transportées exprès dans ce lieu, parce qu'il n'y a point aux environs de carrières de pierres de la même espèce.

On remarque aussi dans le territoire de Saint-Mars-de-Coutais, au bord de la rivière du Tenu, à l'endroit nommé le *Port Besson*, une pierre adossée et soutenue d'un côté par un ravin fort escarpé; et de l'autre, par deux pierres posées de champ. Cette pierre, qui est énorme, se trouve ainsi couvrir une chambre ou galerie de 2 mètres 60 centimètres de hauteur, sur 3 mètres 30 centimètres de largeur en carré, et les habitans du lieu nomment ce monument la *Salle des Fées*.

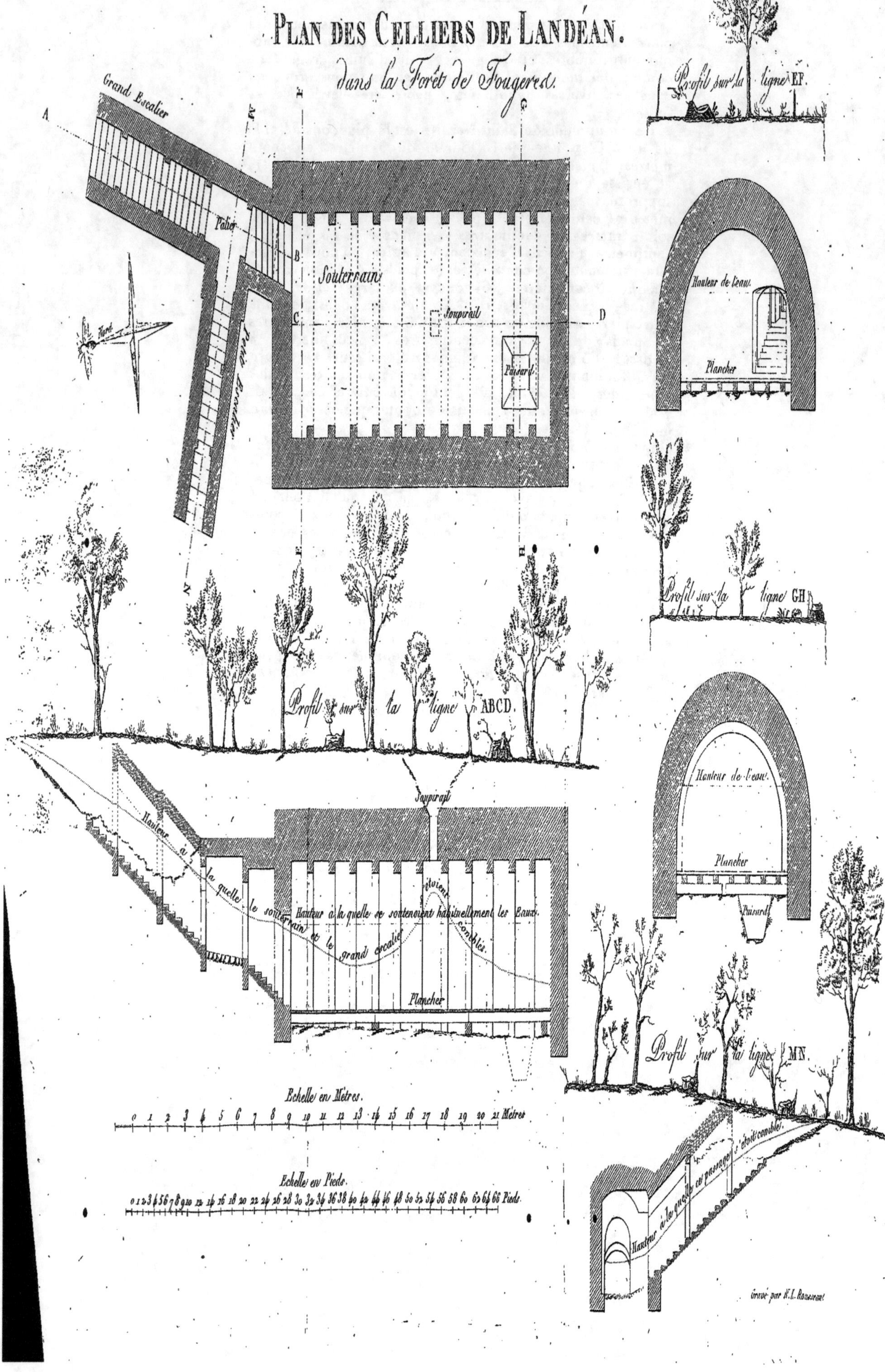

PLAN DES CELLIERS DE LANDÉAN.
dans la Forêt de Fougères.
Profil sur la ligne EF.
Grand Escalier
A
Palier
Nord
Souterrain
Soupirail
Puisard
Hauteur de l'eau.
Plancher
B
C
D
Profil sur la ligne GH.
Profil sur la ligne ABCD.
Soupirail
Hauteur à laquelle le souterrain et le grand escalier comblés.
Hauteur à laquelle se soutenoient habituellement les Eaux.
s'élevoient
Plancher
Hauteur de l'eau.
Plancher
Puisard
Profil sur la ligne MN.
Echelle en Mètres.
0 1 2 3 4 5 6 7 8 9 10 11 12 13 14 15 16 17 18 19 20 21 Mètres
Echelle en Pieds.
0 1 2 3 4 5 6 7 8 9 10 12 14 16 18 20 22 24 26 28 30 32 34 36 38 40 42 44 46 48 50 52 54 56 58 60 62 64 66 Pieds.
Hauteur à laquelle ce passage s'étoit comblé.
Gravé par N.L. Rousseau